本书出版得到"陇东学院著作基金"资助

现代循环农业发展水平分析及其标准体系构建——以甘肃省为例

吕 迎 著

中国商业出版社

图书在版编目（CIP）数据

现代循环农业发展水平分析及其标准体系构建：以
甘肃省为例 / 吕迎著. -- 北京：中国商业出版社，
2023.12

ISBN 978-7-5208-2782-9

Ⅰ.①现… Ⅱ.①吕… Ⅲ.①生态农业－农业发展－
研究－甘肃 Ⅳ.①F327.42

中国国家版本馆CIP数据核字(2023)第240259号

责任编辑：王　静

中国商业出版社出版发行

（www.zgsycb.com 100053 北京广安门内报国寺1号）

总编室：010-63180647 编辑室：010-83114579

发行部：010-83120835/8286

新华书店经销

定州启航印刷有限公司印刷

*

710毫米×1000毫米 16开 12印张 180千字

2023年12月第1版 2023年12月第1次印刷

定价：88.00元

* * *

（如有印装质量问题可更换）

前　言

我国耕地面积 19.18 亿亩，位居世界第三，仅次于美国和印度，但是我国人口众多，人均耕地面积只有 1.36 亩。加拿大人均耕地面积是我国人均耕地面积的 18 倍，印度这一人口大国的人均耕地面积是我国人均耕地面积的 1.2 倍，而且我国耕地质量不高，水土流失和土壤沙化问题严重。同时，我国缺水严重，人均水资源占有量仅为世界人均水资源平均值的 25%，水资源南北分布不均，南方多水但是耕地面积较小，北方缺水但是耕地面积较大，这些因素都给我国农业生产带来了众多不利影响。如何用少量的耕地养活众多的人口，对于我国来说是一个相当严峻的问题。

循环农业发展模式是一种绿色农业生产方式，指通过农业废弃物的循环利用，减少农业生产资源投入和农业废弃物对生态环境造成的污染。发展循环农业可以减少农业生产过程中化肥、农药等化学生产资料的投入，降低农业生产过程中的生态破坏，同时通过物质再利用，有效解决农业废弃物污染问题，促进农村经济发展和农民增收。因此，研究循环农业发展对于农业可持续发展具有重要的意义。

本书以甘肃省循环农业发展以及循环农业标准体系构建为研究对象，综合运用农业经济学、环境经济学、生态学、产业经济学、循环经济学、可持续发展等基本理论和方法，采用理论分析和实际分析相结合、规范分析和实证分析相结合以及定性分析与定量分析相结合的主要研究方法，按照"现状、问题、模式—水平评价—标准框架构建"的研究路径，建立了循环农业模式，这是解决当前农业生产问题的必然途径。循环农业标准体系是规范农业发展的技术保障，本书在综合分析的基础上对甘肃省循环农业标准体系框架进行构建。按此逻辑思路，全书共分为十一章。

第一章：导论。本章首先对本书的研究背景、研究意义进行简要论述，其次阐述了本书的研究思路和研究方法，最后对本书的主要内容做了简要论述。

第二章：农业相关概念。本章首先对本书可能涉及的研究领域的基本概念进行界定，厘清农业、生态农业、循环农业等不同农业生产方式之间的联系和区别。其次通过对这些不同农业生产方式发展历程和特征的梳理，帮助读者更加明晰传统农业、生态农业、循环农业以及循环农业经济之间的密切联系和承继关系。最后对农业标准和循环农业标准概念及特征进行论述，并对我国循环农业标准现状进行总结分析。

第三章：循环农业研究基础和甘肃省农业发展基础。本章首先分析了国内外关于循环农业发展研究的现状，阐述了循环农业发展的理论基础。其次进一步对甘肃省循环农业发展的社会、经济、生态基础进行分析，得出发展循环农业是甘肃省经济社会，尤其是农业可持续发展的必由之路。

第四章：农业标准化。本章首先对我国农业标准化发展现状及存在问题进行分析，阐述了农业标准体系内容及其构成，为后续甘肃省农业标准体系分析奠定了基础。其次对甘肃省农业标准建设进行阐述，分析甘肃省农业标准化建设存在的问题，并对甘肃省农业标准化建设的必要性进行分析。最后提出甘肃省农业标准体系构建框架。

第五章：甘肃省循环农业发展情况。本章首先对甘肃省循环农业发展现状进行论述，表明甘肃省循环农业取得显著的成果，政策体系不断完善，然而仍然存在待改进之处。其次对甘肃省现有循环农业发展模式进行归纳，分析甘肃省各地区依托当地农业资源条件发展不同的循环农业模式。最后提出甘肃省循环农业发展的对策建议。

第六章：甘肃省循环农业发展评价指标体系。本章首先对循环农业评价指标体系的构建思想和方法进行论述。其次指出循环农业指标体系构建应该坚持科学性与可行性相结合、系统性与层次性相结合、动态指标与静态指标相结合、定性和定量相结合的原则。最后在循环农业评价指标体系基础知识准备的基础上，构建出甘肃省循环农业发展水平评价的指标体系，并对每一个指标如何核算以及指标的意义做出详细的说明。

第七章：甘肃省循环农业发展水平测度。本章首先对循环农业指标赋值方法——熵权法进行阐述，对熵权法评价步骤进行介绍。其次根据甘肃省经济社会发展、资源减量化、资源循环利用和资源环境安全4个二级指标下21个三级指标数值，对甘肃省循环农业发展情况的基本面进行分析。再次利用熵权 Topsis 法核算各级指标权重，并对甘肃省循环农业发展水平进行评价，发现虽然某些循环农业指标得分有波动，但是甘肃省循环农业发展水平总得分呈现递增趋势。最后利用经济社会发展、资源减量化、资源循环利用和资源环境安全指标的数据对甘肃省14个市（州）循环农业发展情况进行分析，发现虽然各市（州）循环农业发展规律不同，但基本规律与甘肃省循环农业发展规律保持一致。

第八章：甘肃省区域循环农业发展差异分析。本章首先对甘肃省农业经济以及发展现状进行分析。其次根据循环经济的特点，结合循环农业特征，依据循环经济的"3R"原则及基于指标获取的可行性和选择的合理性，从经济社会发展、资源减量投入、资源循环再利用、资源环境安全构建评价指标体系，采用主成分分析法确定因子指标权重。最后计算指标体系综合得分进行差异分析和聚类分析。

第九章：低碳农业对农村经济影响的实证研究。本章首先对低碳农业和循环农业之间的关系进行论证，认为循环农业和低碳农业相互促进、相互补充。低碳农业和循环农业是未来农业发展的重要方向，它们之间存在密切关系。在未来的发展中，应该将两种模式结合起来，充分发挥各自的优势，共同推动农业的可持续发展。其次从碳源和碳汇两个方面对甘肃省低碳农业发展现状进行论述。从碳源方面来看，甘肃省农业各种要素投入量均呈现较快的上升趋势，温室气体的排放量也随之增加，碳源能力不断加强，这并不利于低碳农业的发展。从碳汇方面来看，甘肃省农业资源逐年增长，但增长数量不大。最后选用生产函数的双对数线性模型进行实证分析，结果表明农业机械总动力、农作物种植面积、园地面积等变量对农村居民人均纯收入有正向影响；农用化肥施用量、农用柴油使用量、农药施用量和农膜使用量等变量对农村居民人均纯收入有负向影响，且影响显著。这说明在农业生产中，化肥、农药等农用物资投入过量，已经影响了农村居民收入的提高。

第十章：甘肃省农业碳排放综合测算及驱动力分析。本章首先对农业碳排放的主要来源进行分析，认为农业碳排放主要来自三个方面，一是农业生产使用物质的碳排放，二是牲畜养殖的碳排放，三是农作物的碳排放。其次根据碳排放测算模型对甘肃省农业碳排放量进行计算，并且利用农业碳排放驱动模型对甘肃省农业碳排放强度和驱动原因进行分析。最后给出分析结果，甘肃省农业碳排放总量基本呈上升趋势，其中化肥、农药、农膜、农用柴油和灌溉面积的碳排放量也基本逐年增加。

第十一章：甘肃省循环农业标准体系构建。本章首先对甘肃省循环农业标准体系的特点以及甘肃省循环农业标准体系发展现状进行分析，发现甘肃省循环农业标准体系构建取得了一定的成果。其次从循环农业的模式、农业生产领域、农业生产环节及农业标准层级四个方面构建甘肃省循环农业标准四维框架。本章通过提取各种循环模式中的共性部分，制定通用标准，针对每一个具体的循环农业模式制定物质循环利用的技术标准，将所有模式的技术标准与上一层构建的通用标准相结合，共同构成循环农业标准体系的二维框架。最后对循环农业标准体系构建的作用进行阐述，认为循环农业标准体系构建有利于甘肃省循环农业的规范发展，有利于资源的高效利用，有利于农业生产效率的提高，有利于推动农业技术的创新。

　　本书的出版得到了甘肃省科技计划项目——"双碳"背景下甘肃省农村生态治理制度机制研究（23JRZM495）、甘肃省高等学校创新能力项目——甘肃省循环农业标准体系研究（2021B-265）的支持，以及"陇东学院著作基金"的资助。

作者

2023 年 8 月

目　录

第一章　导论

一、发展循环农业的原因

粮食是人类生存之本，农业是一个国家稳定的基础，没有牢固的农业基础，国家的经济发展就会受到很大的制约。如今，人类越来越认识到农业对一个国家社会稳定、政治安全的重要性。

农业生产是一种直接与自然环境接触的生产方式，对环境的影响是显而易见的。联合国政府间气候变化专门委员会（Intergovernmental Panel on Climate Change, IPCC）预计，1990 年到 2100 年全球气温将升高 1.4℃～5.8℃，全球温室气体排放量不断增加，其中有 1/3 的温室气体是由农业产生。就中国来说，农业生产产生的污染物占全国总污染物的 1/3～1/2，已经成为我国重要的污染源之一。因此，转变传统农业生产方式至关重要，循环农业生产方式是以"减量化、再利用、再循环"为特征的节约化、资源化、清洁化和无害化的一种新的农业生产方式。农业要发展、环境要保护，生产方式就必须改变，循环农业就是现代农业的一种可行的生产方式。

在今后相当长一段时期，我国必须持续全面地推行循环经济理念，践行节约优先、节约就是环保的理念，积极推动资源节约与集约高效利用，构建多层次资源高效循环利用体系。要促进农业产业结构转型和升级，离不开农业标准化。农业标准化是实现我国农业从传统农业向现代化农业转型的有效途径，也是促进我国农业向着市场化、集约化、规模化和国际化发展的重要方式。有了农业标准，农民在生产的过程中就有据可依，这有利于提高农产品生产过程的科技含量，提升当地农产品在市场上的占有率，增加农民收入；对于管理部门而言，有了标准的规范，就可以提高管理的效率，加快农业技术向生产力的转化。进一步进行循环农业标准化，不但可以生产有机农作物，而且能够保护农村生产环境，实现农业和生态保护的统一，满足农民需求。

（一）发展农业循环的环境

联合国粮食署公布的数据显示，2022 年全球 82 个国家当中，面临重度粮食不安全状况的人口数量已经增至 3.45 亿人。我国幅员辽阔，但是山地和荒漠较多，所以我国的耕地面积不是很充裕，因此必须重视农业生产。

但是，我国农业在取得良好发展成果的同时也出现了一系列问题。随着科技水平的发展，农业生产力提高，很多劳动力被解放出来，许多人选择进城务工，农业收益比较低。同时，我国是小农户作业，大规模集约化种植很难实施，传统的农业耕作方式对农药、化肥和农膜的依赖性很高，为了提高产值，农户会逐年提高这些高碳物质的使用量。传统的农业灌溉方式造成了水资源的浪费，对于比较干旱的西北地区而言属于入不敷出。总之，我国传统的农业耕作方式属于高投入、低产出、高消耗、高污染的高碳农业，对农业生态环境的破坏较为严重。农业是一个国家的主要产业之一，所以在全球环境污染的问题中不能忽视农业污染。

综上所述，农业绿色发展是实现农业现代化的必然途径，应该大力发展现代农业，努力提高农业生产规模化和标准化水平。同时，实现农业标准化不但可以保障食品安全，还可以提高农业生产效率，增加农民收入。

（二）发展循环农业的意义

甘肃省是一个农业省份，但是由于特殊的地理位置和气候环境，农业发展得比较缓慢。虽然随着经济的发展，甘肃省农业发展取得了一定的成就，但是相比于其他省份而言还是比较滞后，农业生产中科技含量不高，农业标准化水平较低，农产品在全国农产品市场上的占有率较低，农民人均收入也较低。本书对甘肃省农业的农业生产总值及其变化，农村人均收入及其变化，农业生产过程中化肥、农药和地膜的使用情况，农业生态环境变化等情况进行分析，发现甘肃省农业生产中存在高投入、高消耗、高污染、低收入、低效率、低产出的特点，农民收入提升慢，农业生产规模化难以形成，因此必须改变甘肃省传统农业生产方式，走一条低投入、高产出、低污染之路，走一条可以重复利用资源的闭环型、环境友好型农业生产之路，这条路即循环农业发展模式。

党的二十大报告明确了我国新时代生态文明建设的战略任务，乡村振兴重大发展战略也强调要全面推进乡村振兴，因此将来一段时间农业农村生态文明建设将成为农业农村发展过程中的主要任务。农业要生产，生态要保护，经济要发展，这三者之间的关系该如何处理？这就需要改变传统农业生产方式，寻找一种既能发展农业又不破坏生产的绿色发展方式。在我国各级政府和全国人民共同的努力下，我国农业绿色发展取得了一定的成就，但是目前农业绿色发展仍然存在一系列问题，还需要一种标准化体系来统领，这个标准化体系就是在农业生产标准体系的基础上构建的农业绿色发展标准化体系。本书重点研究农业绿色标准化体系下的循环农业标准化体系，构建甘肃省循环农业标准化体系，使得甘肃省循环农业发展有章可依、规范发展。

首先，本书对甘肃省近十年农业发展历程进行分析，并对目前甘肃省农业发展存在的问题进行梳理，帮助读者了解甘肃省农业发展过程，同时通过对甘肃省近十年气候变化、农业自然灾害等数据的分析，提出在甘肃省发展循环农业的必要性和迫切性。其次，对甘肃省循环农业发展情况进行分析和梳理，归纳甘肃省循环农业主要模式，分析目前甘肃省循环农业主要存在的问题，同时对甘肃省循环农业发展总体水平进行测算、评价。最后，对甘肃省14个地区的循环农业发展水平以及甘肃省循环农业地区差异进行分析。本书丰富了循环农业理论研究，充实了甘肃省循环农业的研究内容。在此基础上，本书从甘肃省循环农业发展模式归纳入手，研究甘肃省循环农业分类标准，完善循环农业的相关理论，有助于深化生态环境理论研究，促进可持续发展理论研究，为资源节约与环境友好型社会发展提供新的理论依据，同时为其他区域循环农业标准体系构建提供理论支持。

二、甘肃省循环农业研究路径

（一）研究思路

本书以甘肃省循环农业发展现状及循环农业标准体系构建为主要研究对象，综合运用农业经济学、环境经济学、生态学、产业经济学、循环经济学、可持续发展等基本理论和方法，采用理论分析和实际分析相结合、规范分析和实证分析相结合以及定性分析与定量分析相结合的主要研究方法，开展甘肃省循环农业及循环农业标准体系构建的研究，研究思路大致如下。

一是甘肃省状况分析。从地理环境、人口状况和经济现状三个方面对甘肃省的基本状况进行详细分析；从农业、农村基本状况、甘肃农业发展的基本优势和劣势，以及农业发展取得的成果四个方面对甘肃省农业发展状况进行详细分析。

二是甘肃省循环农业状况分析。从甘肃省循环农业发展现状、发展必要性、存在的问题分析及循环农业模式归纳四个方面对甘肃省循环农业发展情况进行详细分析，使读者对甘肃省循环农业状况和发展模式有深入的了解，对于甘肃省循环农业研究和发展起到一定的助力作用。

三是甘肃省循环农业发展水平测度和差异分析。通过构建的循环农业评价指标体系，采用熵值法对甘肃省循环农业发展水平进行测度，并对甘肃省 14 个地区的循环农业差异进行分析，使读者对甘肃省循环农业发展的整体情况有更加清晰的认识。

四是甘肃省循环农业标准体系研究。从甘肃省循环农业标准体系发展现状、存在的问题、标准体系的作用等方面进行分析，借鉴国内外循环农业发展的先进经验及农业标准体系、生态农业标准体系构建的科学方法，构建甘肃省循环农业标准体系。

（二）研究方法

1. 文献研究法

通过对报刊、书籍、政府文件和官方网站进行检索，查阅相应的已有成果和有价值的文献资料，对已有研究成果进行梳理，并对国外发展循环农业的经验进行总结。

2. 实地调查法

对甘肃省12个地级市和2个自治州下辖地区进行实地调研，调查这些地区循环农业发展状况和存在的问题。例如，对当地农民进行问卷调查，了解甘肃省循环农业发展的主要模式，以及其中存在的困难与问题。

3. 规范分析与实证分析相结合

规范分析和实证分析是一组对立统一的分析方法：规范分析回答的是"应该是什么样""不该是什么样"的问题，并力图按特定的价值判断、调整或改变现实，具有强烈的主观性；实证分析回答的是"是什么""具有什么特征""将会怎样"，所得出的结论强调客观性，排斥价值判断。本书试图通过规范分析方法从甘肃省循环农业发展现状及循环农业存在模式梳理的基础上探寻甘肃省循环农业存在的问题及影响因素；同时借助大量统计数据和相关计量经济模型，通过实证分析，尽可能地客观反映循环农业发展水平，为构建合理标准体系奠定基础。

4. 定性分析与定量分析相结合

定性研究方法通过收集、分析与研究主题相关的国内外文献资料来对本书的主题发展现状、特征和模式做出全面、细致的分析，对文献资料的定性研究为本书主题研究提供了理论、方法和研究思路的指导。定性研究方法有许多，本书主要使用文献研究和实地调研两种定性研究方法，在文献资料定性研究的基础上，通过实地考察对甘肃省 14 个地区的农业发展情况进行多方面的调查，建立后续数量分析框架和研究基础。

定量分析是在定性分析的基础上，运用统计学相关数量分析方法对相关问题展开研究。定量分析的方法同样有很多，本书主要运用线性回归、主成分分析和聚类分析等方法对甘肃省循环农业发展的影响因素、差异情况进行分析，力图客观反映甘肃省循环农业发展情况。

第二章 农业相关概念

　　人类历史可以追溯到 300 万年以前，经过 120 多万年的进化，也就是大约 180 万年以前才出现直立人。而人类农业历史不超过 1 万年，在这 1 万年的历史中，人类农业生产工具从石器时代发展到现在的科技时代，农业生产果实和产值空前增加，随之而来的是农业生产环境不断恶化。在原始农业时代，虽然生产方式是粗放的掠夺式的生产方式，但是由于生产力低下，人类农业生产会随季节和生产周期而流动，自然环境有时间进行一定程度的自我修复，农业生产环境问题不严重。但是，随着农业生产水平的提高，人口不断增加，人类对自然环境的破坏日益严重，自然灾害时有发生。因此，人类需要寻求一种新的农业生产方式。循环农业即生态农业，是以农业自然环境保护为前提的一种农业生产方式，这种生产方式志在追求人与自然的和谐共处和可持续发展。

第一节　农业的概念及发展

一、农业的概念

农业就是通过人类的社会劳动，对农业资源进行开发、利用、加工，从而生产出可供人类生活消费和生产再加工的资源的生产过程。农业生产离不开人类劳动、自然资源这两大类生产要素；随着科学技术的发展，农业生产也离不开科学技术，即科技这一生产要素。人类劳动分为简单劳动和复杂劳动，简单劳动不需要专门的培训和培养，复杂劳动则是需要专业的培训和培养才能掌握生产技能的劳动。在农业生产的初级阶段，简单劳动居多，但随着农业生产技术的发展，复杂劳动逐渐占据主要地位。农业资源是指在农业生产中使用的资源，分为自然资源和社会经济资源：自然资源包括气候资源、土地资源、水资源和森林草地资源等；社会经济资源是指人们在农业生产劳动中投入的非自然资源，包括农业生产中投入的劳动力、农业技术装备、资金等。自然资源可进一步分为可再生资源和不可再生资源，如土地资源、森林资源可在短时间内更新，水资源可以循环利用，它们都属于可再生资源。但石油、煤炭等矿产资源是不可再生资源。另外，农业生产的生态环境如果被破坏而不及时修复的话，其对农业生产的可持续性将产生较大的影响，这些不能修复的土地资源、森林资源就会成为不可再生资源。农业有狭义农业和广义农业之分：狭义农业是指种植业，包括生产粮食作物、经济作物、饲料作物和绿肥等农作物的生产活动；广义农业包括种植业、林业、畜牧业、渔业、副业五种产业形式。

二、农业发展

农业生产历史悠久，可以追溯到 1 万年以前。农业自古以来都是一个国家和地区发展的基础，古代人类社会的发展主要依靠的是农业，现代社会的发展更是离不开农业，没有农业的稳定，就没有社会的稳定和其他产业的发展。农业发展大致经历了原始农业、传统农业和现代农业三个阶段。

原始农业从新石器时代（大约从 1.8 万年前开始）到铁器时代（春秋末年，公元前 5 世纪），这个时期的农业生产的特点是刀耕火种、广种薄收。在原始农业的初级阶段，人们主要依靠自然的采集、渔猎来生存。随着生产工具的发展，农业生产水平不断提高，人们不再仅仅依靠采集周而复始的植物果实和根茎来生存，他们学会了春天将果实种子埋在土里并等待秋天收获的农业种植，学会了对野生动物的幼崽进行驯养，以弥补食物的缺乏。在这一时期，人们使用简陋的生产工具向大自然进行掠夺，但资源不能及时进行补充和偿还，只能靠自然漫长的自我恢复，这种粗糙野蛮的原始农业生产造成了自然生态的失衡、水土流失、森林面积的减少及对野生动物生态链的破坏。原始农业时期，人口相对较少，人类对自然环境的破坏经过大自然的自我恢复还能有所弥补，但是随着农业生产力的提高，人口数量增加，仅仅依靠大自然自身的恢复是不够的，长此以往，生态环境问题越发严重。

传统农业时期是一个跨度比较长的农业时期，大约开始于公元前3 000年，历经2 000多年的时间，农业生产工具由石器工具向铁制工具发展。由于使用了铁制生产工具，生产力相比原始农业有了极大的提高，生产的农产品有了剩余，剩余农产品可以和别人交换自己没有的产品，即商品经济有所发展，但此时商品交换的目的仅仅是人类使用，而不是盈利。由于生产力水平的提高，传统农业时期，东西方互通有无，人类农作物品种和驯养牲畜极大丰富；由于铁制器具的使用，生产水平提高，人类积极开荒，撂荒土地急剧减少；种植业和畜牧业进一步丰富，人类对土地的利用方式多样，出现了轮作、间作和套种等多种方式，同时大兴水利，因地制宜地引水灌溉，农业生产走上了精耕细作之路。但是，传统农业生产主要依靠的是人力、畜力和有机肥，这些资源数量有限，投入不足，农业向社会提供的产品的数量有限，随着人口数量的增长，人类只能依靠扩大土地种植面积的方法增加农产品供给，于是毁林开荒、毁牧垦荒的情况时有发生，导致自然生态环境破坏严重。

现代农业萌发于资本主义工业化时期，而在第二次世界大战以后才形成发达的农业。现代农业生产主要依靠的是机械、化肥、农药、水利灌溉以及生物技术和信息技术，极大地满足了人类对农产品质量和数量的需求，也满足了人类对工业原料和燃料的极大需要。现代农业使用的农业生产工具的特点是高科技，农业生产力空前发展；电子信息技术的应用使得农业管理更加科学、高效，土地产出率、资源利用率大幅度提高。涉农的其他科学技术都取得了巨大的发展，保证农业生产具有更加强大的技术支撑，这些技术同时使农业生产具有更发达的产业体系、更完备的经营方式和更先进的发展理念。但是，由于机械、农药、化肥等物质的使用，土地出产率大幅提高，土地地力没有得到及时补充和恢复，迫使农业生产环境逐步恶化，环境污染、生态破坏问题日益严重。同时，由于人口的增长和工业的发展，农业生产资源缺乏、人均耕地面积减少、水资源不足、土壤污染等农业生态环境问题日益严重。因此，寻找一种新的农业生产和发展道路迫在眉睫。

第二节　生态农业的概念及特征

一、生态农业的概念

生态农业作为解决人类经济、社会发展与自然环境之间矛盾的一种新的农业发展模式，已得到国内外学者和各国政府的肯定。所谓的生态农业，就是按现代科学原理，运用现代化科学技术手段，结合传统农业经验，在良好的生态条件下所从事的，不仅着眼于当前的产量及农业开发效益，还追求经济效益、社会效益、生态效益的有机协调统一，能获得"三高"的现代化农业。与传统农业相比，生态农业具有可持续发展性，具有综合性、持续性、高效性、多样性等特征。生态农业研究的是生态系统和农业系统的复合系统结构、功能及其运动，是生态学和农业经济学相结合而形成的一门交叉学科。

二、生态农业的特征

第一，兼顾经济效益和自然效益。生态农业是将农业生态系统和农业经济系统结合起来的一种农业生产模式，人类在进行农业生产的过程中，更应该重视农业生态环境的保护，改变原有的粗放的、掠夺式的生产方式，追求人与自然的和谐共存与可持续发展。第二，综合性和多样性相结合。生态农业的综合性是指坚持以农业整体为中心，协调生态、经济和社会三方效益，实现生态平衡、经济发展和社会和谐，以达到调节整个农业产业结构的目的。第三，高效性。生态农业凭借其循环、可再生的综合性，通过对物质的深加工和能量的循环再利用，提高了农民的增值收益，加快了农业生产的效率，同时改变了局部农业产业结构。生态农业的核心是科学技术，通过生态模型的技术方式来实现特定经济作物的增值生产，以生态工程的技术手段来平衡各地区的区域优势，将技术与社会需要、当地实际协调，发挥对生态经济系统的调控能力，达到经济规模和危机分担等功能。

第三节　农业循环经济的概念及特征

一、农业循环经济的概念

农业循环经济是循环经济的延伸和发展，是循环经济在农业产业领域的具体应用。农业循环经济与循环农业紧密相连，是循环农业生产市场价值的体现形式。循环经济的产生背景是当前全球资源短缺和环境污染问题日益突出、经济发展陷入困境、社会可持续发展陷入困境。循环经济主要研究产业经济系统中资源（包括自然资源、社会资源、废弃物资源）减量化、无害化以及循环再利用的过程、技术和模式。农业循环经济是循环经济的一个分支，是循环经济在农业生产应用的体现。农业是一个国家和地区的基础产业，也是我国很多省份的主要产业，且我国农业属于小农户耕作方式，农药、农膜和化肥的施用量仍然居高不下，农业生产中的高科技投入不足，农业污染问题较为严重，这不但破坏了农业生产环境，而且制约了当地农业经济的发展。循环农业生产模式的特点是低投入、低污染、高产出、高效率，能够变废为宝，形成闭环生产方式，不但保护了农业生态环境，而且增加了农民收入。

农业循环经济是循环经济思想在农业（农、林、牧、副、渔）中的具体应用，即在农业生产国政中和农产品生命周期中减少资源物质的投入量、减少废弃物的排放、增加物质的循环再利用和能量的多级使用，实现农业经济效益、生态环境效益和社会效益的"多赢"和统一的一种经济发展模式。

二、农业循环经济的特征

第一，农业循环经济的本质是生态经济，农业循环经济遵循生态经济的规律，涉及农产品的清洁生产、农业资源的循环利用、绿色消费等一切有利于农业生态环境发展和安全食品生产的生态产业经济。第二，农业循环经济遵循"3R"原则，即"减量化、再循环、再利用"原则，是以节约资源为目的，以"资源—产品—再生资源"为特征，以低消耗、低污染和高利用为目标的经济发展形式。第三，农业循环经济的发展离不开高科技的支撑，目前制约资源再循环的不是方法和模式，而是相应的技术还不能跟上，或者技术的推广障碍还不能克服。第四，循环农业经济的发展离不开合理的现代农业产业体系，因此发展循环农业经济需要改变目前的农业生产体系，尤其是小农作坊的传统农业生产方式。

第四节 循环农业的概念及模式

一、循环农业的概念

循环农业是在生态农业的基础上，结合循环经济的基本原理，在遵循能量流动和物质循环的规律基础上，通过技术和生产方式创新形成农业生产中资源的循环利用，达到降低生产环节资源的投入、提高资源的再利用率的目的，形成诸如"资源—农产品—废弃物—资源再利用"的闭环生产方式。循环农业的特点是低投入、低污染，它是对现在的高碳农业的一种补偿模式农业，同时是对粗放式生产农业环境破坏后果治理的一种主流式农业。循环农业是农业低碳化发展模式之一，即通过科学技术创新，减少农业生产环节的投入，利用循环模式形成种植业、畜牧业和加工业的闭环生产方式。循环农业兼顾循环经济的低投入、低消耗、低污染和再利用、高效率的特点，最大限度地利用进入生产和消费系统的物质和能量，提高经济运行的质量和效益，使经济发展与资源、环境保护相协调，是实现农业可持续发展战略目标的重要途径。

循环农业不但具有循环经济的低开采、高利用、低排放等特点，还具有农业自身的特点。一是循环农业内部形成一个资源（食物）链条，农业内部参与循环的资源（食物）往往互为前提，以生态食物链的方式循环，循环中各个主体互补互助，共生共利性很强。二是循环农业是绿色农业，在农业生产中对化肥和农药等污染物的使用有严格把控，生产出的农产品安全性更高。三是高利用率的农业生产方式，因为是一种闭环生产方式，上一个环节的废料是下一个环节的资源，所以资源能够充分利用。四是环境友好型农业生产方式对水土资源、森林资源有极强的保护作用，是人类与自然和谐持续发展的模式。五是循环农业生产方式范围广，这种生产方式不仅包括农业内部生产方式的循环，还包括农产品加工业等延长产业的废弃物循环利用。

二、循环农业模式

国外的循环农业起步较早，形成了一系列的先进经验，目前国际上循环农业发展比较好的国家有以色列应对缺水环境而发展的利用无机营养液和将太阳能直接转化为热能的栽培方式的循环农业模式，日本的以有机肥替代化肥的绿色循环农业发展模式，以及德国的禁止在农业生产中使用杀虫药和除草剂等高科技的循环农业发展模式。借鉴国外循环农业发展模式，国内学者对我国的循环农业发展模式作出了不懈努力，目前大致形成以下四种生态循环农业发展模式。

（一）物质再利用循环模式

这种生态循环模式以沼气为纽带，将畜禽养殖业、果蔬种植业和民用生活联系在一起，是一种资源流动利用的循环模式。如图2.1所示，具体的做法是在建立沼气池的基础上，将养殖业的畜禽粪便和种植业的秸秆等废弃物放入沼气池中进行发酵，产生的沼气作为燃料可以照明、取暖和做饭，沼气池产生的沼液和沼渣可以作为种植业的有机肥料，这一模式的生态种群较多、生物链联结健全，且各种资源能快速循环。

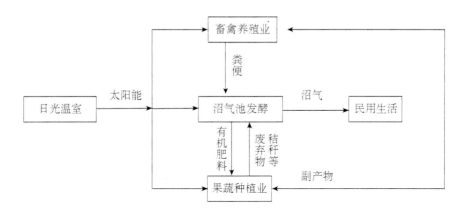

图 2.1　物质再利用循环模式

这种模式的循环农业的常见形式有"果蔬—沼气—养殖""畜牧—沼气—草地""养猪—沼气—果树"等，但是无论这个模式的两头是什么产业，处于核心的始终是沼气，即以沼气为中心枢纽。

（二）以秸秆为纽带的循环模式（废弃物再利用循环模式）

秸秆是农作物的主要废弃物，目前我国对秸秆的利用率较低，不能再次被利用的秸秆造成了农村生态环境的污染，不利于农业绿色发展。秸秆不仅是利于植物生长的有机肥，也是畜禽类和鱼类的饲料，利用好秸秆这个农业废弃物不仅可以减少农业污染，还可以增加农民收入。以秸秆为纽带的废弃物再利用循环模式如图 2.2 所示。具体做法：一是利用沤肥技术，将秸秆作为其他农作物生长的有机肥料，既补充了肥力又减少了污染；二是将秸秆作为猪、牛等牲畜的饲料，再由牲畜的粪便补充农作物生长；三是将秸秆制作成基辅料或者作为手工材料等提高秸秆的利用率，增加农民收入。

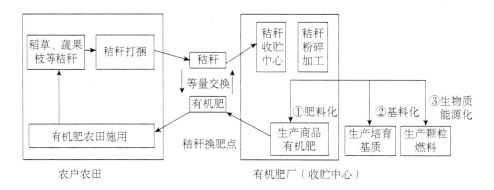

图 2.2　废弃物再利用循环模式

这种以秸秆为中心纽带的循环农业生产模式有"秸秆—基料—食用菌""秸秆—成型燃料—燃料—农户""秸秆—青贮饲料—养殖业"等。这种模式通过农业基础设施的完善，改善农业生产条件和环境，同时实行农牧结合、种养结合，使农业废弃物得到资源化循环利用，消除废弃物对环境的污染，改善了土地质量和水环境质量，对促进农业资源可持续利用、推进"五水共治"和美化农村环境具有积极的意义。

（三）"立体种养"农业模式

"立体种养"模式是指在一定空间内把养殖动物与种植植物按一定方式配置在一起的生产结构，使处于不同生态位置的生物种群在系统中互惠互利、相辅相成，充分发挥空间结构的综合生产能力，建立一个时间上多序列、空间上多层次的产业结构。在这种模式中，生物种群之间以利弊相克或者互利共生的关系联系在一起，形成一种简单的食物链。

这种农业模式在南方通常以"稻—鱼"模式为主，即在同一块田地里将种稻、养鱼结合一起，充分利用土、水、肥、热、气等自然资源。其具体做法如下：将水稻按行种植，稻田下面养鱼，稻花为鱼类提供食物、热、气等，鱼类排泄物为水稻提供有机肥，加速花粉传播，是一种比较成熟的"立体种养"模式。在北方比较常见的模式是"果—鸡—沼"的立体模式和"林—草—牧—沼—菌"模式。这两种模式是在果树下养鸡，果树为鸡提供食物，鸡为果树除虫和提供有机肥；或者是在林下种草，草为牛羊提供饲料，用牛粪制作沼气，沼气可以民用和生产，沼液和沼渣可以制作有机肥等。

（四）生态产业园模式

生态产业园是一个较大的生态系统，这个系统往往是由若干有关联的上下游企业构成的，物质和能源在这个系统中形成一个闭环循环，上游企业的产品是下游企业的原材料，下游企业的产品是生态系统中的居民和其他企业的生产和生活必需品。在整个循环过程中，物质浪费少、污染少、投入较低、产出较高。生态产业园模式是继经济技术开发区、高新技术产业开发区发展的第三代产业园区，在产业园内有若干工业企业、农业和居民，物质和能源通过在园区内流动和循环实现清洁生产，实现了资源和能源的高效利用，是一种环境友好型的产业发展模式。

国外对产业园区的研究起步较早，目前该模式发展得也比较成熟，英国、日本等国家成功的产业园区模式给我国生态产业园的发展提供了不少成功的案例。目前国外关于生态产业园的模式主要有三种：第一种是以推广技术为主要目的园区，即利用园区来宣传、体验、推广新的农业生产技术和操作；第二种是示范性园区，目的是规模化建设农业示范性基地，引导农业产业稳步发展；第三种是展示型农业景观，以休闲观光为主要目的。根据不同的国情、文化传统、政策差异等因素，各个国家农业产业园区建设发展的差别较大。

我国关于生态农业园的研究开始于20世纪90年代初，国内第一个农业生态园区于1993年在北京成立，成立的目的在于介绍以色列的节水农业和设施农业，因为以色列是一个严重缺水的国家，但是生态农业发展很不错。1997年，杨凌农业高新技术产业示范区成立，之后我国生态产业园建设和研究慢慢进入鼎盛时期，全国各地纷纷建设地区性的农业高新技术产业示范区，并逐步走向成熟。

第三章 循环农业研究基础
和甘肃省农业发展基础

第一节 循环农业研究的理论基础

一、循环经济理论

循环经济理论是由美国经济学家波尔丁（Boulding）在《即将到来的宇宙飞船世界经济学》中提出的。他将全球经济系统喻为宇宙飞船经济，认为宇宙飞船是一个独立体，与世隔绝，只能靠不断消耗自身的资源才能存在，但是资源最终消耗完后，宇宙飞船就会因为没有能源补充而毁灭，除非宇宙飞船内的资源能够循环利用，同时减少废弃物的排放，才可以延长宇宙飞船的生命。地球经济系统如果只是依靠资源消耗来求取发展，总有一天会因为资源消耗枯竭而面临毁灭，循环经济发展模式才是地球长久发展的必然方式。波尔丁认为循环经济主要指在人、自然资源和科学技术的大系统内，在资源投入、企业生产、产品消费及其废弃的全过程中，把传统的依赖资源消耗的线性增长经济转变为依靠生态型资源循环来发展的经济。

循环经济强调了人在生产和消费中的作用，不能将人类自身的作用割裂在生产和消费等经济原则之外，人类生产应该在生态环境承受之内进行，超过生态环境承载能力的循环经济不是良性的循环经济，迟早会遭到大自然的反噬。所以，循环经济应该是利用先进的生产技术、替代技术、减量技术和共生链接技术以及废旧资源利用技术、"零排放"技术等支撑的经济，不是传统的低水平物质循环利用方式下的经济。在循环经济生产过程中，不仅要看到资源的可利用性，而且要看到它们对生态系统良性循环的作用；不仅要看到生产技术对资源和生产的开发利用能力，而且要看到它们对生态系统的维系和修复能力；不仅要看到人类对自然的改造能力，而且要看到人类与自然和谐共处的能力，促进人类的全面发展。

循环经济最初遵循的原则是"3R"原则，即"Reduce（减量化）""Reuse（再使用）""Recycle（再循环）"的原则。"Reduce"原则针对生产的初始端，指的是在生产的过程中资源的投入节约和污染的减少，要求用较少的资源投入达到既定的生产目标。"Reuse"原则是针对生产过程而言的，是指在生产中使用的资源经过生产使用以后可以继续使用，而不是经过一次使用后就成为废弃物，即通过再利用提高资源的利用率，减少对资源的消耗。"Recycle"原则针对输出端，是指产品生产完成以后的废弃物再次被利用生产别的产品，达到资源的循环利用，上下游产业联动布局，上游产业的废弃物是下游产业的生产原料，这种废弃物的再次利用减少了废弃物的产生和污染的发生。"3R"原则对于提高资源的利用率以及减少环境污染起到积极的作用，但是"3R"原则对于资源的持续性利用问题不能给出解决办法，因此有学者提出了"Reproduce（再生性）"和"Replace（替代性）"原则。"Reproduce"原则是指再生性资源在使用的过程中，要注意资源的再生性，资源的消耗速度不应该超过资源的再生速度，否则难以保持再生资源的永存性，即当代人在利用资源进行生产的过程中，不应该减少后代人对资源的利用。"Replace"原则针对不可再生资源，是指在人类生产过程中，应该寻找可以替代某些不可再生资源的资源，减少对不可再生资源的利用。由此，未来"3R"原则可进一步发展为操作性更强的"5R"原则，使循环经济成为可持续发展的保障。

二、生态经济理论

生态经济理论具有生态学和经济学共同的特点，是两者相结合而诞生的一门学科，主要研究生态系统和经济系统相结合的复合系统的结构、功能及其运动规律。目前，学者们将经济学与生态学领域某些共同关注的问题、理论加以融合，发展出了一门新兴的交叉学科——生态经济学。生态经济学是一门交叉学科，具有生态学和经济学共同的特点，包含了不同空间尺度的生态系统、技术系统和经济系统，研究的内容主要是复合系统的结构、功能、行为及其运动规律。

生态经济学的一大研究热点是生态经济资源的价值问题，相应的学术理论主要有有限资源论、收益决定价值论、边际效用论、均衡价格论、自然资源价值论等。这些价值理论的基础还是由传统的经济学理论发展而来，并没有深入探究环境资源与经济的本质关系。美国生态学家欧德姆（Odum）结合系统论与热力学定律发展出能值分析理论，提出了统一量化生态与经济价值的方法，实现了不同物质能量和研究体系中能流、物流、信息流、货币流统一评价。另外一个研究热点是如何建立起可持续发展指标的评价体系，比较有影响力的有三个：一是以传统的国民经济核算指标 GDP 为基础，发展出绿色国内生产总值评价体系；二是可持续经济福利指数，用来衡量可持续经济发展状况的指标，这个指数由美国经济学家戴利（Daly）和科布（Cobb）于 1989 年提出，该指标弥补了传统经济指标的不足，更全面地考虑生态环境、社会公正和经济发展等方面的因素，从而能够更准确地反映一个国家或地区的真实经济福利状况；三是生态足迹模型，该模型由加拿大生态经济学者威廉·莱斯（William Leiss）于1992年提出，是一种分析和预测人类活动对环境影响的方法，该模型将人类对自然资源的消费和废弃物的排放量转换为可比较的土地面积，并以此评估人类对地球生态系统的需求和影响。

三、产业经济理论

产业经济学（Industrial Economics）作为应用经济学的一个重要分支，研究的是某一个具体的整体产业，主要研究内容包括产业自身的结构与发展规律、产业政策、与相关产业的互动规律、产业的分布规律与布局特点、产业链内各相关企业的互动关系及规律、产业结构内的各种均衡问题等。产业经济是所谓的中观经济，研究的对象与内容处于微观经济学与宏观经济学之间，是二者的纽带，对产业经济学进行研究，能够在国家层面上为制定国民经济发展战略提供理论基础，为指导具体的产业实践提供翔实的数据。

四、环境经济学理论

为研究解决环境问题，环境经济学不断发展，这为研究循环经济理论提供了理论依据。环境经济学中比较典型的是环境价值理论，主要研究将环境价值合理量化，将环境价值和经济利益直接挂钩，通过计算人类生产生活产生的环境价值损失和环境成本，研究建立合理的环境价值损失补偿机制，分析并量化环境价值损失和环境价值存量，为循环经济发展提供价值度量及决策依据。环境经济学考虑到人类长远发展和总体利益，系统研究了如何发挥好市场功能的问题，旨在对公共物品、环境以及资源进行调节。从环境经济学角度看，循环经济发展强调的是环境价值的理念，即通过资源的有效利用防治环境污染，但是循环经济学的研究需要运用生态学等其他学科对人类社会生产生活过程中再利用、再循环规律进行深层次的研究，有一定的局限性。

五、资源稀缺理论

循环经济主张低开采和高效利用资源，并且对资源进行科学管理，旨在减少对资源的浪费和消耗。这与资源稀缺理论相契合。资源稀缺理论对循环经济的影响主要体现在三个方面。一是资源稀缺理论认为，资源是可循环的、流动的，要实现循环利用资源的目的。二是资源存量是绝对的，然而人们对资源的需求却是相对变化的。所以，资源自始至终是稀缺的。这也是一直以来制约经济社会发展的因素。因此，搞好循环经济是明智、及时的举措。三是发展循环经济以资源稀缺性为前提条件，并且把循环利用资源作为应对资源稀缺性的主要办法。

六、可持续发展理论

关于可持续发展的概念有100多种，但是较权威、影响较大和应用较广泛的是1987年世界环境与发展委员会在《我们共同的未来》中的定义。该报告将可持续发展定义为："能满足当代人的需要，又不对后代人满足其需要的能力构成危害的发展。"[①] 从这个定义可知，可持续发展首先强调的是需要，是当代人类的需要；其次是限制，即强调后代人的需要时对当代人的需要做出了限制，当代人的需要不是随心所欲的需要，而是应该注意自然生态保护的一种需要，一种不影响后代人生存和发展的限制性需要，是技术、生产对环境满足眼前和将来需要能力施加的限制需要。

可持续发展要求人类社会生产不能只考虑当代人的需求，还要考虑后代的生活需求，即不能为了当代生产而损害、减少后代人生活、生产的需求，是一种以公平性、持续性和共同性为原则的发展。坚持可持续发展，人类生产生活才能得到保障。

---

① 世界环境与经济发展委员会.我们共同的未来[M].长春：吉林人民出版社，1997：132.

第二节　循环农业相关研究进展

一、碳排放研究进展

2020 年 9 月中国提出"双碳"目标，力争于 2030 年前使二氧化碳排放量达到峰值，努力争取 2060 年前实现碳中和。该目标对中国经济新常态下的低碳发展有着重要的指导意义。温室气体排放达峰既是气候变化评估的热点，也是国际气候谈判的焦点，而温室气体中 75% 的成分是二氧化碳，因此如何减少碳排放对应对气候变化至关重要。关于减少碳排放问题的研究，不同时期国内外学者立足不同研究视角就减排问题形成了丰富的研究成果，这些成果已成为新经济常态下的碳排放减量和治理的重要借鉴。

（一）国外碳排放研究进展

国外学者关于碳排放的研究开始于 20 世纪 80 年代，目前已形成大量丰富的研究成果，主要可以归纳为三个方面。

一是碳排放与经济增长之间关系的研究。生态学者将库兹涅茨定理应用到生态学领域，认为经济发展和环境质量之间存在着某种变化规律，这种变化规律对应的曲线称为环境库兹涅茨曲线。国外有一部分学者认为碳排放和经济增长之间的关系是先上升后下降的倒"U"形，即随着经济的发展碳排放是增加的，当经济发展到一定程度，碳排放达到峰值，随后碳排放开始下降；另一部分学者认为碳排放和经济增长之间的关系呈现出"U"形，即随着经济的发展，碳排放先减少，当达到最低值之后碳排放开始增加。前者关于碳排放和经济增长之间的关系图称为倒"U"形环境库兹涅茨曲线（Environmental Kuznets Curve, EKC），后者关于碳排放和经济增长之间的关系图称为"U"形环境库兹涅茨曲线。除了倒"U"形和"U"形的环境库兹涅茨曲线以外，还有部分学者认为碳排放和经济增长之间呈现"N"形关系和倒"N"形关系。"N"形环境库兹涅茨曲线认为随着经济的发展，碳排放量先增加，达到峰值以后则随着经济的发展开始下降，碳排放到了最低值之后又开始随着经济发展而增加。倒"N"形环境库兹涅茨曲线的碳排放规律与"N"形环境库兹涅茨曲线的碳排放规律刚好相反，碳排放呈现下降—上升—下降的变化规律。

二是碳排放影响因素研究。关于碳排放影响因素的研究多从一些模型出发进行分析。IPAT方程是西方学者在20世纪提出的用于定量计算污染排放量与其影响因素各项指标之间关系的公式：$I = P \times A \times T$。其中，I指环境负荷，可以具体指污染排放量；P指人口数量；A指人均GDP；T指单位GDP的环境负荷。该方程认为环境影响是由人口数量、富裕程度和技术水平三个因素共同作用的结果。国外学者基于IPAT方程式，对碳排放的影响因素进行了分解研究。其中，较有影响力的是Kaya恒等式，是日本学者茅阳（Kaya Yoichi）于1989年在联合国政府气候变化专门委员（IPCC）的相关会议上提出的，是一种用于评估碳排放量与能源消费、人口增长和经济发展之间关系的工具，它可以将碳排放量分解为各个驱动因素的乘积，从而精确地量化各驱动因素的贡献程度。Kaya恒等式将推动碳排放的影响因素分解为人口数量、人均生产总值、单位生产总值的碳排放量，通过分析各驱动因素的变化趋势和影响程度，制定相应的政策措施来控制碳排放量，促进可持续发展。

三是关于碳排放峰值预测研究。碳排放量达峰是碳排放得到控制的重要标志。碳达峰即采取措施降低碳排放量，使碳排放量达到最大值，并最终实现碳中和的目标。要实现"双碳"目标，还要从多个方面采取措施，目前比较成熟的方法包括寻找可替代能源、碳捕捉和储存、碳交易和税收政策等。由于能源碳排放量是碳排放主体部分，能源转型是实现"双碳"目标的关键，因此学术界对碳排放量预测方面的研究主要在能源消费的碳排放量峰值方面。在能源消费的碳排放量峰值研究中，主要采用的方法包括情景预测、线性回归和 GM（1，1）等方法。情景预测方法是一种常用的方法。它通过对未来不同情景下碳排放量的预测，来评估不同政策措施对碳排放量的影响。2019 年，哥伦比亚经济学者尼夫斯（Nieves）等运用 LEAP 软件对哥伦比亚产生的能源需求和温室气体排放进行分析。结果表明：在消极情景下，经济增长放缓、技术变革缓慢、石油燃料替代率低；在积极情景下，经济增长加速、技术变革加快，人们更愿意用清洁能源替代石油能源。线性回归和 GM（1，1）等方法也是常用的研究工具。线性回归方法可以通过建立自变量和因变量之间的线性关系，来分析不同因素对碳排放量的影响；GM（1，1）方法是一种基于灰色理论的方法，可以对碳排放量进行长期趋势分析和预测。

（二）国内碳排放研究进展

国内学者对碳排放的研究轨迹与国外学者比较相似，同样集中在碳排放与经济增长关系、碳排放影响因素和碳排放峰值预测三个方面，并且近十年关于碳排放方面的研究集中在碳达峰方面。国内学者关于碳排放与经济增长关系的研究不是很多，主要验证我国某些地区、某个时间段的碳排放与经济发展之间是否存在倒"U"形关系。例如，2004 年我国学者陈华文和刘康兵对上海市 1990—2001 年大气污染数据进行实证分析，发现上海市的大气污染与经济发展之间的关系符合倒"U"形环境库兹涅茨曲线。关于碳排放影响因素研究，国内学者主要是依据某些模型对碳排放因素进行分解，用长面板数据对这些因素与碳排放之间的关系进行实证研究，探索影响碳排放量的因素以及这些因素与碳排放量之间的变化规律。关于碳排放量达峰预测的方法有很多种，学者研究用得较多的方法有两种：第一种是通过 EKC 模型判断是否存在拐点，如果出现拐点则认为碳排放存在峰值；第二种是通过 STIRPAT 模型、IPAT 模型和 LMDI 模型等先对碳排放影响因素进行分解，再结合情景分析对未来碳排放达峰进行预测。

二、循环农业发展研究

（一）国外循环农业研究

国外循环农业研究的提法和概念比较多，粗略概括起来可以分为三个阶段。首先是 19 世纪初到 1940 年，有机农业理论得到充分的发展。1909 年，美国教授富兰克林·H. 金（Franklin H.King）在《四千年农夫》一书中首次提到有机农业雏形。1935 年，英国的艾尔伯特·霍华德（Albert Howard）的《农业盛典》推动了有机农业理论发展，霍华德也被称为有机农业的奠基人。1942 年，《有机园艺》一书拓宽了有机农业范围，一批农业机构和研究协会先后成立，推进了有机农业的发展。其次是 1950 年到 1971 年生态农业概念诞生并得到迅速发展。20 世纪 50 年代，许多国家的农场转向生态耕作。1971 年，美国学者威廉姆·奥尔布雷克特（William Albrecht）提出了"生态农业"这一概念。随后丹麦遵循循环经济的理念提出了循环农业模式。最后是 1980 年以后循环经济和可持续发展理论盛行，国外主要通过生态工业园践行循环经济和可持续发展理论。1981 年，英国的《农业与环境》一书中提出了循环经济中的减量化原则以及经济和环境相协调的可持续发展的思想。

（二）国内循环农业研究

国内学者对循环农业的理论研究可以分为两个阶段。第一个阶段关于循环农业概念和内涵，第二个阶段关于循环农业发展模式的研究、循环农业发展评价的研究和循环农业标准体系研究。2006 年以前是循环农业概念和内涵研究的主要时间段。1986 年文启胜在《循环农业——农业中的经济循环和生态循环》一文中提出循环农业概念之后，一直有学者对循环农业概念和内涵进行研究，他们不断对循环经济的概念和内涵进行完善。2006 年以后的研究主要集中在循环农业发展模式、循环农业发展评价及循环农业标准体系方面。对循环农业发展模式的研究以 2009 年林维柏在《循环农业刍议》一文中提出的 10 种循环农业发展模式为主。循环农业发展评级指标方法有很多,包括主成分分析法、层次分析法、数据包络法等。对于循环农业标准体系方面的研究较少,集中在农业标准体系构建理论和循环农业经济标准体系的研究方面。

三、生态系统价值研究

(一) 国外生态系统价值研究

国外关于生态系统价值研究主要可以分为对生态系统价值核算的研究和对生态补偿的研究。

国外学者对生态系统价值核算的研究是以科斯坦萨(Costanza)的研究成果为基础开展的,已取得丰富的成果。2005 年,联合国千年生态系统评估(MA)使用新的概念框架分析和解释了环境变化对生态系统和人类福利的影响,将生态系统服务的概念推入研究的核心阶段。2010 年,世界银行的财富账户与生态系统价值核算项目(WAVES)和 2014 年联合国统计署(UNSD)发布的基于环境经济核算体系(SEEA)的《实验性生态系统核算》(EEA)等一系列成果都对生态价值核算从方法学、政策应用方面做了大量探索。生态系统价值核算常用的方法包括生态系统服务价值评估、自然资源资产负债表和绿色发展评估三种。生态系统服务价值评估方法是指评估生态系统为人类提供的各种直接或间接的效益,如提供食物、调节气候、净化环境等。目前,生态系统服务价值评估已成为生态系统价值核算的重要内容,生态系统服务价值评估常用的方法主要包括市场价值法、机会成本法、影子工程法等。自然资源资产负债表方法借助会计学中资产负债表的思想来建立自然资源资产负债表,用以核算自然资源资产状况,可以为生态文明建设提供重要依据。目前,自然资源资产负债表研究正在逐步完善,研究方法主要包括实物量核算和价值量核算两种方法。绿色发展评估方法是通过构建一套绿色发展的指标体系，通过一个地区或者国家的各个指标体系得分来评估这个地区或国家的绿色发展水平的生态系统价值核算的方法。目前，绿色发展评估研究正在逐步兴起，研究方法主要包括综合指数评价法、模糊综合评价法等。

国外通常将生态补偿称为生态系统服务付费（PES），即享受生态服务功能的团体和个人必须为提供者付费。国外对生态系统服务付费的研究主要集中在三个方面，下面进行详细论述。

首先是关于生态补偿概念和内涵的研究。国外对生态补偿概念的研究开始于 20 世纪 90 年代末期，但是学术界关于生态补偿的概念和内涵并没有统一的定论。比较认同的生态补偿的概念是 2005 年旺德（Wunder）提出的，他认为生态系统服务付费是一种有明确交易对象的自主交易行为，交易的对象即生态系统服务。同时，他认为生态系统服务付费应该满足四个条件：一是必须是一种自愿的交易；二是必须具有明确的生态系统服务或能保障这种服务的土地利用类型；三是至少有一个生态系统服务购买者和一个生态系统服务提供者；四是当且仅当服务提供者能够保障服务的供给时才付费。

其次是关于生态补偿机制或标准的研究。生态补偿机制是一种通过经济手段保护生态环境的机制，主要包括生态补偿标准和补偿方式的研究。生态补偿机制已成为生态系统价值核算的重要应用领域，研究方法主要包括生态足迹法、能值分析法等。西方国家通过长期的研究和实践，建立了一些相对完善的生态补偿机制。例如，法国早在 1960 年就通过法律规定强制向敏感性区域和自然区域征收部门费。20 世纪 70 年代，美国学者拉尔森（Larson）和 马扎斯（Mazzarse）提出第一个湿地快速评价模型，此模型为美国政府颁发湿地开发补偿许可证提供了依据。1995年，哥斯达黎加开辟了环境服务支付项目的先河。2002 年，国际环境与发展研究所和一些国际组织开始对环境服务市场以及补偿机制在世界范围内的案例进行分析和研究。

最后是关于生态补偿标准的实证研究。生态补偿标准的实证研究主要关注如何确定合理的补偿标准，以实现生态补偿的目标。在实践中，生态补偿标准的确定需要考虑多个因素，如生态系统的价值、生态破坏的程度、恢复或保护生态的成本等。一些学者采用机会成本法、支付意愿法等经济学方法，通过调查和实验的方式了解人们对生态环境的价值认知和补偿意愿，以此来确定生态补偿标准。另外，也有学者提出基于生态服务价值的生态补偿标准确定方法，通过评估生态系统服务的价值来推算生态补偿的标准；还有一些地区在实践中探索出了具有地方特色的生态补偿标准确定方法。

（二）国内生态系统价值研究

国内学者生态系统价值研究与国外学者生态系统价值研究的轨迹基本相同，但也有自己的特点。国内学者关于生态系统价值的研究基本包括五个方面，下面进行详细论述。

一是关于生态产品价值核算的研究。国内学者对生态系统服务的相关研究开始于20世纪80年代，但直到1997年美国学者科斯坦萨（Costanza）对于生态系统服务价值核算给出特定标准后，国内对于生态系统服务价值核算的研究才逐渐开始丰富起来。从1999年到现在，国内学者对我国高原、陆地、森林等生态系统的生态价值进行了核算研究，同时有很多学者对我国很多地区生态系统价值进行了核算，极大地丰富了我国关于生态系统价值核算的研究，同时为我国生态环境治理提供了有力的理论支持。

二是关于生态补偿概念和内涵的研究。国内学者在20世纪80年代对生态补偿的相关问题展开研究，从不同角度、不同主体对生态补偿的概念和内涵进行研究，已经取得较为丰富的研究成果。

三是关于生态补偿机制或标准的研究。国内学者对生态补偿标准的研究成果相当丰富，有部分学者对生态补偿标准的核算方法进行了大量的研究，目前常用的生态补偿标准的核算方法有生态系统服务功能价值法、机会成本法、意愿调查法和市场法等诸多方法；有部分学者认为生态补偿标准应该分为保护标准和赔偿标准，不能只重视生态系统的补偿，而更应该重视生态系统的保护，不能破坏了生态系统才去补偿，而应该未雨绸缪，先保护生态系统不受破坏。

四是关于生态补偿标准的实证研究。国内学者对生态补偿的实证研究目前集中在对国内不同省份和领域的补偿研究，对生态补偿的研究多以生态资产价值评估为基础。

五是关于西部生态脆弱区生态产品价值实现的研究。在知网中以"西部生态脆弱区"为主题进行模糊搜索，从 2000 年到 2023 年 3 月，共检索到近 140 条，但关于西部生态脆弱区生态产品价值实现模式研究、生态系统服务价值评估等研究只有 10 条。目前国内学者关于西部地区生态脆弱区的研究更多集中在固碳、环境治理和农民农业收入方面，或者与其他领域相结合，完全关于西部脆弱区生态系统价值和生态补偿的研究不是很多，而西部地区尤其是西北地区是我国重要的生态安全屏障，因此这个区域的生态问题研究应该受到学者更多的关注。

第三节　甘肃省农业发展环境基础

一、地理环境

甘肃省位于中国西部地区，地处黄河中上游，地域辽阔，是我国地理环境较为复杂的省份，国界上北部与蒙古国接壤，国内接壤的省份如下：西北方接壤新疆维吾尔自治区、青海省，西南方接壤四川省，东部接壤陕西省，北方接壤宁夏回族自治区，东北接壤内蒙古自治区。甘肃省地形呈狭长状，东西长 1 655 千米，南北宽 530 千米，西高东低，地形复杂，西北—东南方向最窄处仅有 76 千米，地貌多样，有山地、高原、平川、河谷、沙漠、戈壁多种地貌，类型齐全，交错分布，地势自西南向东北倾斜。甘肃省复杂的地貌形态大致可分为各具特色的六大地形区域，分别是陇南山地、陇中黄土高原、甘南高原、河西走廊、祁连山地、北山山地。陇南山地位于甘肃省东南部，全境属于长江流域水系地区，区域内重峦叠嶂，山高谷深，植被丰厚，到处清流不息，被誉为"陇上江南"。陇中黄土高原是黄土高原的重要组成部分，位于甘肃省中部和东部，陇南山地以北，东起陕西和甘肃省界，西到乌鞘岭。黄河从这个地区流过，所以这个地区山川峡谷较多，地貌情况复杂，有苍松翠柏、潺潺溪流，也有干旱少雨的贫瘠的土地，地区内石油和煤炭资源比较丰富。甘南高原位于甘肃省南部，青藏高原的东北边缘地带，是一个典型的高原地区，地势高耸，草原丰富，牛羊肥美，是甘肃省主要的畜牧业基地之一。河西走廊位于甘肃省西北部、黄河以西，祁连山和巴丹吉林沙漠中间，是一个从西北向东南延伸 1 000 多千米的狭长地带，地区海拔从西北部的 3 500 米向中部地区 1 500 米递减，宽由几千米到百余千米不等，水资源相对较为丰富，光照时间长，地势平坦，适合机器耕作，是甘肃省主要的商品粮基地。祁连山地位于甘肃省西部和青海省东北部交界处，祁连在匈奴语中是天山的意思，所以祁连山海拔较高，最高的海拔为主峰岗则吾结峰（又名"团结峰"），海拔 5 808 米，其他山峰海拔多在 4 500～5 500 米。同时祁连山山脉南北宽度较大，为200～400 千米。祁连山山顶终年积雪，冰川逶迤，是河西走廊的天然固体水库，植被垂直分布明显，荒漠、草场、森林、冰雪，组成了一幅色彩斑斓的立体画面。北山山地是指河西走廊以北的地区，东西长 1 000多千米，海拔为 1 000～3 600 米，毗邻腾格里沙漠和巴丹吉林沙漠，该地区比较荒芜，山高风大、山岩裸露，沙漠一望无际，在一座座山之间的平地难以耕作，人烟稀少，但是自然风光较好，有"大漠孤烟直，长河落日圆"的塞外风光。

二、生态环境

甘肃省东西狭长，是黄土高原、青藏高原和内蒙古高原三大高原的交会地带，境内气候多样、地形复杂、山脉纵横交错、海拔相差悬殊，高山、盆地、平川、沙漠和戈壁等兼而有之，是山地型高原地貌。甘肃省从南向北包括亚热带季风气候、温带季风气候、温带大陆性（干旱）气候和高原高寒气候四大气候类型。年平均气温为 $0℃ \sim 14℃$，大部分地区气候干燥，年平均降水量为 $40 \sim 750$ 毫米，干旱、半干旱区占总面积的 75%。干旱、暴雨洪涝、冰雹、大风、沙尘暴和霜冻等灾害天气时有发生。

三、人口状况

从甘肃省 2010 年到 2022 年的统计年鉴数据来看，甘肃省年末常住人口数缓慢下降。如图 3.1 所示，2009 年年末甘肃省常住人口数为 2 554.91 万人，其中城镇人口数为 834.18 万人，农村人口数为 1 720.73 万人；到 2022 年年末甘肃省常住人口数为 2 492.42 万人，其中城镇人口数为 1 350.64 万人，农村人口数为 1 141.78 万人。从图 3.1 可以看出，甘肃省的城镇人口呈现上升趋势，上升趋势较快，农村人口呈现下降趋势，人口变化规律符合中国人口变化规律。由于城市的虹吸效应，人口向附近城市集中，农村人口逐年递减。虽然递减速度比较低，但递减现象不容忽视，这说明甘肃省人口是流出的，甘肃省必须采取措施留住人口、留住人才，这样后续发展才有动力。

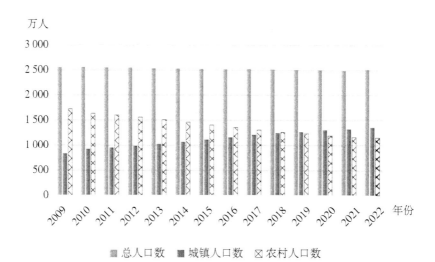

图 3.1 2009—2022 年甘肃省人口变化曲线

2021 年甘肃省人口结构如图 3.2 所示。由图 3.2 可知，2021 年，甘肃省 2 490.02 万人口中，男性人口 1 266.01 万人，占总人口的 50.84%，女性人口 1 224.01 万人，占总人口的 49.16%，人口性别比为 103.42（以女性为 100）。全年出生人口 24.16 万人，人口出生率为 9.68‰；死亡人口 20.61 万人，人口死亡率为 8.26‰；人口自然增长率为 1.42‰。0～15 岁人口为 505.97 万人，占全省常住人口的比重为 20.32%；16～59 岁的劳动年龄人口 1 559.01 万人，占全省常住人口的比重为 62.61%；60 岁及以上人口 425.04 万人，占全省常住人口的比重为 17.07%，其中 65 岁及以上人口 325.00 万人，占全省常住人口的 13.05%。按照估计老龄化社会的方法，一般认为，当 65 岁及以上的老年人口占总人口的比例达到 10% 或以上时，就被认为是进入老龄化社会的标志。从甘肃的人口数据结构来看，甘肃省已经进入老龄化社会。

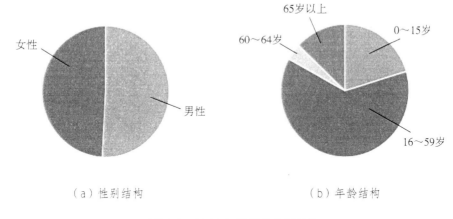

（a）性别结构 　　　　　　　　（b）年龄结构

图 3.2　2021 年甘肃省人口结构

2016—2022 年甘肃省生产总值如表 3.1 所示。由表 3.1 可知，甘肃省生产总值逐年递增，年均增长率为 8.44%。第一产业、第二产业、第三产业的生产总值逐年增长，6 年平均增长最快的是第一产业，平均增长率为 11.25%；其次是第二产业，平均增长率为 8.32%；第三产业增长速度最慢，平均增长率为 8%。从 2021 年至 2022 年的数据来看，增长率最大的是第二产业，增长率为 13.8%；其次是第一产业，增长率为 11.04%；最小的为第三产业，增长率为 6.08%。因此，需要进一步提高第三产业增长率。2022 年，甘肃省实现地区生产总值 11 201.6 亿元，比上年增长 9.55%。其中，第一产业增加值 1 515.32 亿元，比上年增长 11.04%；第二产业增加值 3 945.04 亿元，比上年增长 13.80%；第三产业增加值 5 741.25 亿元，比上年增长 6.08%。2022 年三次产业结构比为 13.53 ∶ 35.22 ∶ 51.25，人均生产总值逐年增长，6 年平均增长率为 8.67%，按常住人口计算，全年人均地区生产总值 44 968 元，比上年增长 9.56%。[①]

———————————

① 文中使用数据均来自《甘肃统计年鉴》和《中国统计年鉴》。

表 3.1　2016—2022 年甘肃省生产总值

各产业生产总值	时间							2016—2022 年均增长率 /%
	2016 年	2017 年	2018 年	2019 年	2020 年	2021 年	2022 年	
地区生产总值 / 亿元	6 907.91	7 336.74	8 104.07	8 718.3	8 979.67	10 225.5	11 201.6	8.44
第一产业生产总值 / 亿元	800.75	859.75	926.05	1 059.33	1 188.09	1 364.72	1 515.32	11.25
第二产业生产总值 / 亿元	2 483.5	2 515.75	2 761.64	2 862.42	2 824.84	3 466.56	3 945.04	8.32
第三产业生产总值 / 亿元	3 623.66	3 961.24	4 416.38	4 796.55	4 966.74	5 412.02	5 741.25	8.00
人均生产总值 / 元	27 396	29 103	32 178	34 707	35 848	41 046	44 968	8.67

从图 3.3 可以看出，甘肃省就业结构为第一产业就业人数最多，大致呈现出逐年下降的趋势，2018 年至 2020 年下降比较明显，其他年份下降得比较平稳，第一产业就业人数呈现下降趋势，第一产业就业人数在总就业人数中的占比从 2016 年的 55.96% 下降为 2022 年的 46.98%；第三产业就业人数高于第二产业，并基本呈现逐年上升趋势，第三产业就业人数在总就业人数中的占比从 2016 年的 28.12% 上升为 2022 年的 36.65%。第二产业就业人数大致呈现出递减趋势，但幅度不大，第二产业就业人数在总就业人数中的占比从 2016 年的 15.92% 上升为 2022 年的

17.37%。就业结构与趋势基本符合国际就业结构，即随着经济的发展，第一产业就业人数逐步减少，第三产业就业人数逐步增加，并且在就业占比中占绝对优势。

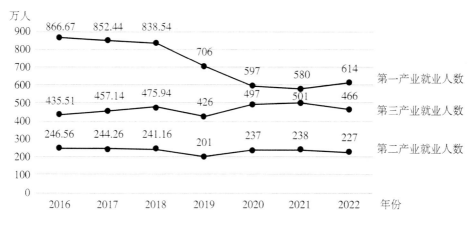

图 3.3　2016—2022 年甘肃省就业结构

2016—2022 年甘肃省支出类数据如表 3.2 所示，由表 3.2 可知，甘肃省居民人均可支配收入呈现上升趋势，2022 年人均可支配收入 23 273 元，比 2016 年的 14 670.3 元增加了 8 602.7 元，比 2021 年增长了 5.5%。2016—2022 年甘肃省人均消费支出稳定上升，7 年平均增长速度为 6.18%。2022 年，甘肃省居民人均消费支出 17 489 元，2022 年全国居民人均消费支出 24 538 元，甘肃省居民人均消费支出与全国居民人均消费支出相差 7 049 元，相差较大，因此政府应该提高社会保障水平，鼓励群众多消费。另外，教育支出和科研经费支出逐年增加，说明甘肃省政府比较重视教育和科研发展。

表 3.2　2016—2022 年甘肃省支出类数据

支出类型	时间						
	2016 年	2017 年	2018 年	2019 年	2020 年	2021 年	2022 年
人均可支配收入 / 元	14 670.3	16 011.0	18 891.87	19 139	20 335	22 066	23 273
人均消费支出 / 元	12 254.2	13 120.1	14 623.95	15 879.07	16 175	17 456	17 489
地方性教育支出 / 亿元	548.95	567.35	592.96	636.05	662.99	661.92	629.2
科研经费内部支出 / 亿元	86.99	88.41	97.05	110.24	109.64	129.47	144.15

第四节　甘肃省农业发展概况

一、农业发展现状

2016—2022 年甘肃省农业生产相关要素数据如表 3.3 所示，由表 3.3 可知，甘肃省农作物生产面积呈先下降后上升的变化趋势。2016 年农作物总播种面积 425.384 万公顷，2017 年总播种面积 373.927 万公顷，总播种面积下降了 51.457 万公顷，下降率为 12.1%。下降的原因与农作物给农民带来的收益不及从事其他工作获得收益高而导致，很多农民尤其是年青一代不愿在家务农，而是外出务工，从而导致农作物播种面积下降。但是，在国家惠农政策和退林还耕、退草还耕等政策的积极引导下，甘肃省农作物播种面积逐步回升，2022 年甘肃省农作物总播种面积

401.695 万公顷，比 2017 年增加了 27.768 万公顷，上升率为 7.43%。甘肃省农业机械化水平逐年增强，农业生产机械化基础逐步牢固，2016 年农业机械总动力 1 903.9 万千瓦，2022 年增长为 2 516.66 万千瓦，年均增长 32.18%，呈现上升趋势。农业生产中使用的化肥和农膜数量逐年下降，2016 年甘肃省农业生产中化肥使用折纯量为 87.1 万吨，到 2022 年农业生产中化肥使用折纯量为 77.13 万吨，下降了 9.97 万吨，年均下降量为 1.424 万吨；2016 年农用塑料薄膜使用量为 19.78 万吨，2022 年农膜使用量为 18.81 万吨，相比 2016 年减少了 0.97 万吨。从农膜和化肥的使用量变化规律来看，甘肃省农业生产已经意识到农业污染问题，采取了相应的措施。

表 3.3　2016—2022 年甘肃省农业生产相关要素数据

农业生产相关要素	时间						
	2016 年	2017 年	2018 年	2019 年	2020 年	2021 年	2022 年
农业机械总动力 / 万千瓦	1 903.9	2 018.59	2 102.79	2 174.01	2 289.53	2 384.85	2 516.66
农业化肥使用量（折纯量）/ 万吨	87.1	84.49	83.17	80.88	80.36	77.05	77.13
农用塑料薄膜使用量 / 万吨	19.78	17.22	16.41	15.23	15.30	17.07	18.81
农作物总播种面积 / 万公顷	425.384	373.927	377.356	383.157	393.184	399.794	401.695

二、农业发展比较劣势

甘肃省大部分地区属于半干旱和干旱气候，年降水量不多，是我国降水量较少的几个省份之一，因此水资源贫乏也是制约甘肃农业发展的主要原因之一。甘肃省降水量在空间和时间上均有差异。降水量在空间上的表现为从东南向西北递减，东南多，西北少，降水量最多的地区是陇南和甘南地区，这两个地区的年平均降水量为 450～800 毫米；降水量最少的地区是敦煌地区，这个地区年平均降水量为 38.7 毫米。在时间上的表现为在夏、秋两季降水量较多，而在冬季降水量较少。2022 年甘肃省全省平均年降水量为 363.7 毫米，是全国年平均降水量 631.5 毫米的 57.6%，较常年同期偏少 11.3%；2022 年甘肃省人均水资源为 956.1 立方米，是全国人均水资源 3 148 立方米的 30.4%。甘肃省 2022 年年均降水量与往年同时间相比不但减少，而且时空和区域分布不均。从区域来看，酒泉市和张掖市北部年降水量最少，只有 10～100 毫米，张掖市中部、武威市北部和白银市北部为 100～200 毫米，其余地方为 200～600 毫米，陇南市东部为 600～831.1 毫米（康县）。从时间来看，2022 年 3 月、5—6 月、9—12 月的降水量偏少，其中 9 月降水量为近 20 年来最少，2 月降水量则为 1961 年以来最多。

从《2016—2022 年甘肃省水资源公报》可知，2016 年到 2022 年甘肃省水资源总量的分别为 209.56 亿立方米、280.79 亿立方米、354.89 亿立方米、325.88 亿立方米、410.88 亿立方米、279.03 亿立方米和 230.99 亿立方米。地表水资源总量基本也呈现先上升后下降趋势，2016 年到 2022 年分别为 202.02 亿立方米、273.65 亿立方米、345.63 亿立方米、312.15 亿立方米、398.89 亿立方米、268.16 亿立方米和 221.59 亿立方米。而地下水资源总量基本呈现波动趋势，2016 年到 2022 年地下水资源分别为 108.65 亿立方米、133.36 亿立方米、167.29 亿立方米、148.68 亿立方米、158.22 亿立方米、120.02 亿立方米和 112.68 亿立方米。全省水资源总量和地表水资源总量变化趋势基本一致，但是地下水变化趋势与二者相反，说明逐年增加的水资源主要是地表水增加引起的，而地表水增加主要与气候变化有关系；地下水呈现逐年下降趋势，一方面说明地表水对地下水补给不足，另一方面说明发展过程中对地下水的消耗逐年增加。另外，甘肃省地域面积狭长，所以水资源分布不均衡，从各地区的水资源总量的构成来看，水资源主要集中在陇南地区和甘南地区，河西地区、黄土高原北部地区均为严重的缺水地区。

甘肃省主要自然灾害有干旱、沙尘暴、暴雨、冰雹、泥石流、霜冻和干热风等。干旱是甘肃省最主要的气象灾害，其出现频率较高，给工农业生产和国民经济带来了很大影响；沙尘暴灾害较重，沙尘暴日数为 1～37 天，主要危害河西和陇中、陇东北部。此外，暴雨、冰雹、泥石流、霜冻和干热风等各地每年均有发生。自然灾害造成的直接经济损失2017 年至 2021 年分别为 105.08 亿元、294.8 亿元、46.5 亿元、191.5 亿元和 67.3 亿元，呈现出波动起伏的状况，5 年平均自然灾害造成的直接经济损失为 141.04 亿元，自然灾害造成的直接经济损失不容忽视。农作物受灾面积从 2016 年的 84.45 万公顷减少到 2022 年的 31.24 万公顷，说明甘肃省在自然环境治理方面取得了一定的成效。但从 2019—2022 年甘肃省农业受灾面积的数值来看，短期内甘肃省农作物受灾面积有所上升，2019 年农作物自然灾害面积为 16.14 万公顷，2020 年农作物自然灾害面积为 33.15 万公顷，2021 年农作物自然灾害面积为 40.08 万公顷，2022 年农作物自然灾害面积为 31.24 万公顷，因此需要对短期内农作物受灾面积呈现上升的原因进行深入分析。2016 年到 2022 年农业旱灾受灾面积呈现先下降后回升的趋势，这 7 年甘肃省农作物旱灾受灾面积分别为 60.57 万公顷、30.4 万公顷、5.72 万公顷、2.3 万公顷、1.58 万公顷、34.10 万公顷和 16 万公顷，可以看出 2020 年旱灾受灾面积最低。洪灾、地质灾害和台风受灾面积呈现波动趋势，从 2016 年到 2021 年受灾面积依次为 10.43 万公顷、8.25 万公顷、25.75 万公顷、9.24 万公顷、7.47 万公顷和 4.02 万公顷。风雹灾害受灾面积 2016 年到 2021 年分别为 7.67 万公顷、14.52 万公顷、9.04 万公顷、6.15 万公顷、13.6 万公顷和 8.59 万公顷。低温冷冻和雪灾造成的受灾面积从 2016 年到 2021 年分别为 1.641 万公顷、0.187 万公顷、3.668 万公顷、0.172 万公顷、1.777 万公顷和 0.68 万公顷。

三、农业发展比较优势

甘肃省农业发展比较优势主要体现在以下五点。

一是土地辽阔，可以发展多种产业。甘肃省总土地面积居全国第 7 位，全省耕地面积 5 112.93 万亩，其中旱地 70% 以上，水地不到三分之一，是典型的山地型高原地区。甘肃省是全国五大牧区之一，现有天然草场 2.69 亿亩，占总土地面积的 39.4%，其中高寒草甸类草场 6 413 万亩，占全省草场面积的 24%；草原类草场 8 593 万亩，占全省草场面积的 32%；荒漠草场 9 410 万亩，占全省草场面积的 35%。全省可利用草场总面积 2.41 亿亩。

二是民族较多，可以集思广益地发展地方特色农业。截至 2022 年，甘肃省总人口数为 2 492.42 万人，其中乡村人口数为 1 141.78 万人，占总人口的 45.81%。甘肃省的少数民族主要有回族、藏族、东乡族、土族、裕固族、保安族、蒙古族、撒拉族、哈萨克族、满族等，其中，东乡族、裕固族、保安族为甘肃的独有民族。不同民族生活传统、农作物品种以及农业耕作方式有较大差异，多民族有利于农作物的多样化发展，有利于各地区相对优势产业的发展，有利于增加农民收入。

三是气候类型差异较大，有利于生物的多样化。甘肃省境内地形复杂，山脉纵横交错，海拔相差悬殊，高山、盆地、平川、沙漠和戈壁等兼而有之，是山地型高原地貌。总体上气候干燥，气温日差较大，光照充足，太阳辐射强。年平均气温为 0℃～14℃，由东南向西北降低；河西走廊年平均气温为 4℃～9℃，祁连山区年平均气温为 0℃～6℃，陇中和陇东年平均气温分别为5℃～9℃和7℃～10℃，甘南年平均气温为1℃～7℃，陇南年平均气温为9℃～15℃。无霜期一般为48～228天。光照充足，光能资源丰富，年日照时数为1 700～3 300小时，自东南向西北增多。河西走廊年日照时数为2 800～3 300小时，是日照最多的地区；陇南年日照时数为1 800～2 300小时，是日照最少的地区；陇中、陇东和甘南年日照时数为2 100～2 700小时。

四是生物资源丰富。甘肃省自然条件多样，农业栽培历史悠久，农作物品种资源十分丰富。粮食作物主要有小麦、玉米、马铃薯、豆类、谷子、糜子、荞麦、高粱等；经济作物主要有油料、棉花、甜菜、中药材、水果、蔬菜、瓜类、烟叶等。全省共有各类畜禽品种65个，天祝白牦牛、靖远滩羊、河西白绒山羊、山丹马等品种在省内外享有盛誉，甘肃高山细毛羊、华特瘦肉型猪、早胜肉牛、藏羊、牦牛等地方品种是甘肃畜牧业生产的主导品种。省内野生动植物资源非常丰富。

五是农业生产地域差别较大，有利于发展优势产业。河西走廊灌溉农业区是甘肃省乃至全国重要的商品粮基地、制种基地和高原夏菜基地；陇中、陇东旱作农业区是甘肃省乃至全国重要的马铃薯、中药材、小杂粮、羊羔肉及肉牛生产基地；陇南地区是甘肃省重要的特色农业基地；甘南及河西牧区是甘肃省乃至全国重要的牛羊肉生产基地和细毛羊基地。

四、农业生产取得的成果

在重农业、重技术、科学发展的政策指挥下，甘肃省农业发展取得了显著的成果，农村基础建设不断完善，农民收入不断增加，农业优势产业、特色产业发展取得喜人成果，农业生态环境不断改善。

一是农业产值、农民收入不断提高。2022年甘肃省第一产业生产总值为1 515.32亿元，比2020年的1 364.80亿元增长了11.03%。2022年农村居民人均可支配收入为12 165元，比2021年人均可支配收入11 433元增长了6.4%，增幅居全国第19位，并且增速超过甘肃省城镇居民可支配收入 3.83% 的增长速度。2022 年甘肃省农村居民人均消费支出 11 494 元，比 2021 年的 11 206 元增加了 288 元，消费结构进一步合理，肉、奶、蛋的消费比例进一步提高。

二是农村基础建设不断完善。截至 2022 年 8 月，甘肃省累计投入 21 亿元建设农村 4G/5G 网络、有线宽带和电信普遍服务工程，行政村 4G 覆盖率达 99.9%，农村 5G 基站累计建成 4 000 余个，实现乡镇区域 5G 信号 100% 全覆盖，光纤宽带行政村覆盖率达 90%。截至 2020 年，甘肃省农村集中供水率 93%、自来水普及率 90%，均高于全国平均水平，基本解决了吃水难的问题，农村人民生活用水得到保障。

三是特色产业发展良好。乡村要振兴，产业要先行。乡村产业发展是带动农业发展与乡村振兴的主要方式。要发展产业，就要立足于自身实际和资源禀赋，因地制宜地发展特色产业。甘肃省重视农业产业发展，把乡村产业发展作为推进乡村振兴的主要抓手。截至 2022 年，甘肃省已经形成了一批特色农业产业，重点发展"牛羊菜果薯药"六大特色产业，形成了以临夏、甘南畜牧养殖为主的牛、羊畜牧养殖产业基地，以河西走廊灌区为主的蔬菜生产基地，以陇东、陇南为主的优质苹果产业基地，以定西地区为主的马铃薯产业基地，以定西、陇南为主的中药材产业生产基地，以及河西走廊杂交玉米、蔬菜种植基地。2019 年，甘肃省牛存栏数 458.20 万头，比 2018 年增长了 4%，出栏 241.8 万头，比 2018 年增长了 6.4%；羊存栏数 1 978.1 万头，比 2018 年增长了 5.4%，出栏 1 548.2 万头，比 2018 年增长了 5.8%。截至 2019 年年底，甘肃省已经形成各类畜牧产业化经营组织 721 个，畜牧产品加工企业 330 余家。截至 2020 年年底，甘肃省蔬菜面积达 930 万亩，产量 2 810 万吨，产值 515 亿元，较 2019 年分别增加 20 万亩、60 万吨、15 亿元。其中设施蔬菜面积 200 万亩（其中日光温室 85 万亩、塑料大棚 115 万亩），产量 843 万吨，产值 265 亿元，较上年新增 12 万亩、36 万吨、5 亿元。瓜类面积相对稳定在 70 万亩左右。食用菌总产量达 15 万吨，年总产值 13.5 亿元。水果面积达到 873 万亩，产量达到 890 万吨，产值 490 亿元，较上年分别增加 8 万亩、5 万吨、12 亿元。其中，苹果种植面积达到 662 万亩，较2019 年增加 5 万亩，产量达到 680 万吨。中药材种植面积 470 万亩，产量 132 万吨，产值 449 亿元，较 2019 年分别增加 5 万亩、2 万吨、9 亿元。

四是农产品品牌意识加强，着力打造"甘味"农产品品牌，有效带动甘肃省农业发展。截至 2021 年 5 月，甘肃省获得"三品一标"企业的数量达到 1 318 家，拥有产品数 2 815 个，包括 895 个无公害农产品、217 个有机农产品、1 579 个绿色食品，以及 124 个农产品地理标志。由此可见，全省农产品数量众多，种类丰富，有发展特色农产品以及加工业的资源优势。同时，甘肃省拥有悠久的农业生产历史，具有发展农牧业的优势，但受限于自然环境，甘肃省以发展"丝路寒旱"产业为主，重点发展"牛羊菜果薯药"六大特色产业，注重产品品质和区域特色，加强对农产品品牌的建设。截至 2020 年，甘肃省企业商票品牌数达到150 个，区域公用品牌增至 50 个，其中包括兰州百合、天祝白牦牛、岷县当归、陇南橄榄油、武都花椒等 30 个"甘味"特色农产品。

如今，甘肃省农产品的品牌发展，已经开始立足于区域资源禀赋，依靠特色农产品，提升消费者对农产品品牌的忠诚度，扩大影响范围，打造中国驰名商标。同时，甘肃省建立起相关产业协会和农民专业化合作组织，整合区域优势，加大宣传和推广力度，形成了一大批有竞争力的农产品品牌。

第四章　农业标准化

第一节　农业标准化的概念

农业标准化是一种贯穿农业生产全过程的，以保证农产品质量安全及生态环境保护为目标的综合性的农业活动。它是始终围绕着农业生产而搭建的质量管理系统，其服务对象主要是与人们生活息息相关的农业产品。农业产品具有地域性较强、受自然环境影响大的特点，因此农业标准也呈现出地域性特征。

一、标准的定义

国际标准化组织（ISO）是世界上最大的国际标准化机构，是非政府性国际组织，总部在瑞士日内瓦，其对标准下的定义为，为了在一定的范围内获得最佳秩序，对活动及其结果规定共同的和重复使用的规则、指导原则和特性文件。该文件经过协商一致制定并经过一个公认机构的批准。从标准的定义不难发现，标准的制定是经过公认的机构批准的，并且是大家协商一致的结果，所以大家都会遵守，即标准的制定具有科学性和实践性，标准是一种统一规定，是行为准则和依据。

二、标准化定义

国际标准化组织（ISO）对标准化给出的定义如下：为在一定范围内获得最佳秩序，对实际的或潜在的问题制定共同的和重复使用的规则活动。由此可知，标准化的对象可以是国民经济的任何领域中进行生产的产品、生产过程、生产技术和产品服务等。标准化的内容包括标准化对象达到标准化状态的全部活动及其过程，包括制定、发布和实施标准。标准化的本质就是在混乱中寻找统一，通过制定统一的规定形成一种秩序，按照这种规定，大家有序生产，可以辨别良伪，可以求同存异，使产品更加具有吸引力。标准化的目的在于改进产品、生产过程和服务的适用性，以便于技术协作，消除贸易壁垒，使产品在世界市场具有竞争力。[①]

三、农业标准化

农业标准化是指运用"统一、简化、协调、优化"的原则，通过制定标准和实施标准，把农业产前、产中、产后各个环节纳入标准化生产和标准化管理的轨道，促进先进的农业科技成果和经验迅速推广，确保农产品质量和安全，促进农产品流通，规范农产品市场秩序，指导生产、引导消费，从而取得经济、社会和生态的最佳效益，达到提高农业生产竞争力的目的。

农业标准化特点就是农业特点的突出反映。首先，农业标准化的方式、方法会根据标准化所处的时间、地点、气候等的不同而有不同的要求。在农业生产过程中将哪些生产对象、生产技术和生产过程列为标准化的对象，要受到具体的社会经济条件和自然条件的制约，同一农业生产技术会因为土壤、气温、降雨、风力、日照和无霜期长短等的不同而得到完全不同的结果。相同的标准化对象执行相同的标准，得到的经济效果往往不同，所以在制定和实施农业标准化时，要充分重视标准化对

---

① 于玲.农业标准化[M].上海：上海出版社，2004：15-17.

象因时、因地变化的特点。其次，农业标准化制定是一个漫长的过程，农作物的生长需要时间周期，所以农作物标准化的制定和修订也需要周期。在没有任何失误的情况下，一般按照农作物的生长周期一年为一个周期；如果有所失误的话，这个周期会更长一些。所以，农业标准制定是一个复杂漫长的过程。

实施农业标准化可以增加农民的收入，由于实行统一的农业标准，按照市场需要进行生产，农产品的市场竞争力大大提高，市场占有率提高，商品在市场上供不应求，农民收入自然提高。另外，对于消费者而言，农业标准化保障了食品安全，他们吃得更加放心，生活更加健康，食品安全得到保障。所有的农业生产环节都按照一定的标准进行生产，和农业相关联的附加产业统一按照标准进行生产、加工和包装，形成了以农产品为中心的大生产、大流通的产业链条，不仅能够带动农产品的发展，而且能够带动相关副产业的发展，因此农业标准化比非标准化的农产品具有更广阔的市场前景和竞争力。

第二节　农业标准体系及其构成

一、农业标准体系

农业标准化体系是农业标准规范化和体系化的一种表现。一般来说，农业标准化体系包括五个方面：政府层面的法律法规体系、行业层面的农业标准体系、信息层面的信息管理与推广应用体系、监管层面的监测监督体系及认证层面的农产品认证体系。其中，法律法规体系多是中央政府和地方政府出台的具有权威性的相关政策性法律文件。这些特定的法律法规验证了我国实施农业标准化的专业性和合法性，引导着相关企业和个人创新思维，促使农业生产的相关流程更加行业化、规范化和标准化。农业标准体系主要是从行业标准方面来说明农产品生产、运输、销售等环节实行统一管理的重要性和必要性。一个完善的农业行业标准体系，有助于提高农业生产效率，加强农业质量安全，促进技术标准和质量标准的统一，实现社会效益和经济效益的最大化。信息管理与推广应用体系从信息技术管理及技术推广角度说明农业标准化的实现离不开先进农业生产理念、技术和方法。尤其是在互联网快速发展的大背景下，"互联网＋农业"已经成为政府实现我国农业现代化的重要途径之一。监测监督体系侧重于对农产品的质量进行严格监控，以保证广大消费者的生命安全。监督体系可以从政府外部监督和企业内部监控两个角度实施。农产品认证体系指农产品若想实现行业的标准化，就必须通过产品认证，以认证为基础，以监督为手段，以信息技术为路径，以产品质量安全为目标，从而为农产品体系的建立打下基础。

二、农业标准体系构成

农业标准化可以提高我国农产品在国际农产品市场的竞争力。标准化的应用和科学技术水平的不断进步密不可分，我国农产品技术含量相对较低，农业标准化体系有待完善，很容易受到技术壁垒和技术标准的限制，从而消减我国农产品的市场竞争力。因此，建设我国农业标准化体系，不但可以提高我国农产品的国际竞争力，还可以增加农民收入，解决农业、农村和农民问题，加快乡村振兴。

农业标准化体系一般包括制定、实施、质检、监督、认证和服务6个方面。

（一）农业标准的制定体系

农业标准制定一般是由国务院有关行政管理部门或者企业在广泛调查和多方协商的基础上统一组织编写、统一审批，按不同行业和类别有规律性地编号，并报国家标准化行政管理部门备案。农业标准的制定以科技为手段、以质量为核心、以市场为导向，建立对农产品类别、生产、加工、包装、运输、贮藏、销售全过程以及生产加工环境、安全控制等方面的标准体系，整个体系包括农业生产的产前、产中、产后的全过程。农业标准一经发布，就具有法律效应，任何个人和组织都不能擅自改变标准内容，但是可由制定主体进行修正。

（二）农业标准的实施体系

农业标准一旦颁布，就要尽快落地实施，这一步是农业标准尽快实现其经济效益和社会效益的关键，只有通过实施才能够检验该农业标准有没有问题以及制定的水准如何。首先，应该通过各种渠道加强农业标准的宣传和推广，提高农民对农业标准的认识和执行能力。其次，应该建立农业标准的实施机制，对农业生产的全过程进行监督和管理，对不符合标准的行为进行纠正和处罚，同时对优秀的农业标准化实践进行总结和推广。最后，应该建立农业标准的评估和反馈机制。通过对农业标准的实施效果进行评估和反馈，及时发现和解决标准实施中存在的问题和困难，不断完善和优化农业标准的实施体系。农业生产各部门应该严格按照农业生产中涉及的农业生产环境、产品质量、产品加工、包装、运输、贮存等标准规范各个生产环节，生产出符合农业标准的农业产品，从而提高农业生产的生产效率，降低农业生产成本，增加农民收入。

（三）农业标准化质检体系

质量检测标准是检验农产品质量的一把尺子，只有经过这把尺子衡量，才能够明确农产品的质量。农产品质量检测标准是以国家有关法律法规为依据，由国家主管部门委托相关组织编制出来的相关标准，旨在规范农产品生产部门行为，保障消费者利益。农产品质量检测体系主要包括三个方面。一是农产品质量监测，主要包括对粮食、食用油、蔬菜、水产品、水果、奶制品、食用菌和花卉等农产品的质量检测。二是农产品生产过程的检测，主要包括对农产品的各个生产环节的具体操作规程和生产技术与投入品的使用等方面的检测。例如，检验农业生产过程中的农药、农膜、化肥、种子、种禽、农用具等生产资料，以及生产、养殖过程所用的技术、操作过程是否符合标准。三是农产品生产环境的检测，指的是对农业生产过程中农业生产品的生产区域的土壤、大气、水资源等污染方面所做的检测。

（四）农业标准监督体系

农业标准的监督体系是农业标准贯彻实施的重要保障。农业标准监督体系和农业标准相辅相成，缺一不可，农业标准是对农业生产是否符合要求、规定的判断依据，但农业标准要被很好地贯彻执行，只能依靠监督体系，即依靠监督管理的机构和部门的监督和管理。建立农业标准化监督体系旨在通过对农业生产过程质量、生产技术和生产环境的监管，确保农业标准化的实施和完善，达到提高农产品质量、优化产业结构、规范农业生产、增加农产品的市场竞争力、增加农民收入并且使农业生产环境不断优化的目的。

（五）农业标准化质量认证体系

农产品质量认证是指由第三方检验农产品的生产过程、质量和服务、生产技术和生态环境是否达到规定（标准），若达到规定（标准），则出具书面质量合格证明。质量认证坚持公开、公正的原则，且属于第三方从事的活动。农产品质量认证的作用是可以消除贸易技术壁垒，促进市场公平，进行公开、公正的质量竞争。农产品质量认证主要是对农产品质量以及农产品质量等级的识别和鉴定。农产品质量包括三个等级：准入级、优质级和出口级。准入级是农产品质量认证的最低级，是农产品必须达到的标准，属于强制性标准，不颁发证书；优质级是对农产品质量和服务比较好的农产品做出的认证，经申请，认证机构审核符合标准后颁发质量认证证书和相应标志；出口级是指农产品质量和服务达到国家标准要求，农产品可以出口，经申请，认证机构根据标准审核合格后颁发农产品质量认证书和标志，并向外推荐该类产品。

（六）农业标准技术服务体系

农业标准技术服务体系是指在农业标准制定、实施和推广过程中提供服务的组织机构。这些组织机构的主要作用是根据各类农产品的生产环境标准、生产技术操作规程、安全生产质量标准、生产技术操作规程、安全卫生质量标准等，指导生产者生产符合标准的农产品，开展针对农业生产者的培训，不断提高生产者对农业标准的认知度，普及农业标准概念。

农业标准技术服务体系主要由以下几个组织机构构成：一是农业标准技术研发机构，主要由国家级和地方级的农业科研院所、农业大学、农业技术推广站组成，负责农业标准的研发、试验和验证工作，以确保标准的科学性和可操作性。二是农业标准技术咨询服务机构，主要由农业咨询公司、农业技术服务中心、农民专业合作社组成，负责向农民、农业企业和政府部门提供农业标准的咨询和指导服务，帮助标准实施并解决实施中遇到的问题。三是农业标准技术推广机构，主要由农业技术推广站、农业广播电视学校、农民科技教育培训中心组成，负责推广普及农业标准的知识和技能，增强农民和农业企业的标准化意识和能力。四是农业标准技术监督机构，主要由农业行政主管部门、农产品质量安全监管机构组成，负责对农业标准的实施进行监督和检查，对违反标准的行为进行处罚，以确保标准的严肃性和权威性。五是农业标准技术评估机构，主要由农业标准化研究机构、农业行业协会组成，负责对农业标准的实施效果进行评估和反馈，为标准的修订和完善提供依据。

第三节　我国农业标准化

一、我国农业标准化发展现状

（一）农业标准体系不断完善

中华人民共和国成立初期是我国农业标准的萌芽阶段。2001 年中国加入世界贸易组织（WTO）以后，我国农业标准进入全面发展阶段，每年均有一定数量的国家标准诞生，而且农业标准比重逐渐增加，几乎涉及农业生产的各个方面及各领域，如农业生产原料、农业生产技术、农产品包装、销售及农业废弃物的处理、农业生产的生态环境等方面均有细致标准。农业标准的范围从种植业、养殖业、饲料、农机、再生能源到生态环境等方面，基本贯穿了农业产前、产中、产后全过程。

（二）农业标准体系与时俱进

标准是根据人们的实践经验和科学技术水平及当时的社会经济、消费的实际情况制定出来的。但是制定出来的标准不是一成不变的，因为随着科学技术水平的进步和人们生产经验的积累与社会经济的发展，人们生活生产、消费要求不断提高，原来的标准可能已经不适用标准对象的发展水平，也不能满足人们的生产、消费需求，这时标准就失去了原有的效力，需要对其进行修订，使其具有时效性。同理，农业标准也具有一定的时效性，2001 年我国加入 WTO 后农业标准体系有了突破性的发展，但是随着农业科学技术的不断进步和农村生态环境的变化，农业生产标准需要根据具体情况进行调整。我国政府很重视农业标准的更新和修订工作，会拨款用于国家级农业标准化示范县（农场）建设，并且会根据实际情况变化及时制定适宜性规划。

二、我国农业标准化存在的问题

（一）农业标准普及性有待提高

农业标准的制定受到众多因素的影响，涉及农业生产的选种、种植技术、施肥、农药、土壤、农产品加工、包装、生产等许多环节，每一个环节又涉及众多因素，所以农业标准的实施比较困难。在我国目前的农业生产中，很难全面开展农业标准化。目前，我国农业标准的实施主要是通过农业标准化示范区的方式进行，也有少数农民自愿按照农业标准的要求进行生产，主要是通过稀有占据市场，获得高额利益。

（二）缺乏宣传，群众参与度有待提升

我国农业标准的普及率低的另一个原因就是宣传不到位，部分群众对标准农业的了解程度不深。按照农业标准来进行生产需要大量的资金投入，因此农民不愿意参与农业标准生产。农业是有生产周期的，有很多不确定因素，因此使群众广泛参与还存在一定的困难。

（三）地方标准化区域不够协调

地方标准化呈现经济发达地区水平高、经济欠发达地区水平低的不平衡现象。从公布团体标准数量来看，2022年各地区公布团体标准数量的分布呈现阶梯特征。排名前十的地区依次是广东、浙江、山东、北京、上海、江苏、河北、福建、山西和四川。排在前两位的广东、浙江分别公布了6 419项和5 640项团体标准，排在第三位到第六位的山东、北京、上海、江苏分别公布了2 941项、2 808项、1 820项、1 669项团体标准。标准化技术支撑能力呈现一超多强的特点。从全国专业标准化技术委员会分布情况来看，截至2022年年底，全国专业标准化技术委员会秘书处数量在30个以上的地区有北京、上海、江苏、广东、山东、辽宁、天津、浙江、河南、陕西、四川以及湖北，其中北京一地承担了643个秘

书处，占全国专业标准化技术委员会秘书处总数的48.75%。从标准研制贡献能力看，各地区参与国家标准起草单位数量排名前十的依次是北京、广东、浙江、江苏、山东、上海、福建、安徽、四川、河南。排名第一的是北京，有1 887家单位作为国家标准的起草单位。

第四节　甘肃省农业标准化建设现状

一、甘肃省农业标准化工作显有成效

截至2023年7月，甘肃省共有农业标准3 315条，现行农业标准2 326条。2017年，甘肃省质监局对农业标准进行审核、清查，共废止989条农业标准。农业标准示范区建设工作稳中推进，2017年甘肃省先后创建了9批省级农业标准化示范区，覆盖全省14个市（州），累计共创建省级农业标准化示范园区179个，标准示范项目涉及畜禽、蔬菜、水果、中药材等大宗农产品与各地优势产业和特色产业。

2022年，甘肃省根据气候和水资源情况，培育寒旱农业优势特色产业，共建成绿色标准化种养基地786个，打造产业大县14个，新增农业龙头企业139家，有6个农村产业融合发展示范园得到国家认定，启动创建61个省级现代农业产业园。同时，"甘味"农产品品牌影响力进一步扩大，获批国家首个全省域道地中药材产地加工试点；积极制订种业振兴实施方案，玉米、马铃薯、瓜菜花卉制种产量分别增长6%、18.2%、8.2%。

二、政府为农业标准化建设主体

　　甘肃省农业标准化建设是政府主导型建设形式，即政府在农业标准化建设中是绝对的推行者和领导者。在农业标准化建设中，从农业基础设施建设到农业生产技术推广，再到农产品质量检测以及农业标准生产过程的管理和监督等工作，主要由政府工作人员担任，其他社会团体对农业标准化建设参与度较低。政府主导型农业标准建设模式的优点是政府资金实力雄厚，可以保证农业标准建设工作的顺利进行，而且容易管理；缺点是这种建设模式没有发挥市场在农业标准化建设中的作用，也没有调动其他社会团体参与农业标准化建设的积极性。多方参与合作建设农业标准化，可以发挥各种力量，提高农业标准化建设效率，节省成本，降低风险，从而提高农业标准的普及率。

三、示范园区建设成果显著

　　截至 2023 年，甘肃省累计建立国家级农业标准化示范项目 114 项，4 个国家级农业标准化示范区通过验收，建立省级农业标准化示范区 199 个、苹果标准化示范园 265 个，建成高原夏菜标准园和设施蔬菜标准化小区 1 350 个、地道中药材种苗繁育和标准化生产示范基地 70 多个、马铃薯新品种及脱毒种薯示范点 547 个、畜禽标准化养殖场（区）9 314 个。2022 年，甘肃省临泽县、永昌县和天水市秦州区入选中国农业现代化示范区建设名单；截至 2022 年 9 月，甘肃省共有 6 个县区入选国家农业现代化示范区建设名单，创建了 7 个国家现代农业产业园，共建成高标准农田 1 409.8 万亩，农业产业化龙头企业、农民专业合作社分别达到 3 360 家和 9.3 万个，这对于甘肃省加快乡村振兴和农业现代化建设具有重要的意义。

第五节　甘肃省农业标准化建设存在的问题

一、农业标准实施普及效果不明显

首先，甘肃省地形复杂，属于山地型高原地貌，土地生产规模小，经营分散，不利于农业规模化生产，产业化程度较低，农业标准化的推广和实施比较困难；其次，许多关于农业方面的标准缺乏有效实施途径或者没有较好的推广方式，因此没有向广大农民普及，使得已经制定的相关农业标准没有贯彻执行，存在重视制定标准而忽略执行标准的现象；最后，由于基层监管力量薄弱，农业标准实施状况信息反馈、监督评价工作开展较少，一定程度上影响了农业标准化工作的科学性和实效性。

二、农民缺乏农业标准化的概念

甘肃省农业生产是传统的小农户生产耕作模式，农民一直以来的思维是产量提高就可以增加收入，参与精耕细作、标准化的农业生产的积极性不高，再加上标准化农业生产初期需要大量的资金投入，进一步降低了农民参与标准化生产的意愿。有部分农民虽然对农业标准化生产有一定的认识，但是认识得不够全面，他们认为农业标准化应该是政府、企业和公司的事情，尤其目前的农业标准化形式常常以标准化示范园区的形式开展，更加使得他们认为农业标准化与自己关系不大。因此，很多地方的农业标准制定出来后无法被很好地实施。

三、农业标准化专业服务机构和专家人才比较缺乏

虽然甘肃省已经建立了一批国家级农业标准化示范项目和省级农业标准示范区，但由于农业标准化专业人才缺乏，这些项目或示范区大部分都没有真正实施标准化的发展模式，没有通过标准解决产业发展中的问题。另外，已有的农业标准化专业人才分布比较分散，主要集中在标准化研究院、高校和科研机构，这些专业人才在很大程度上是受国家或地方政府项目驱动从事标准化理论研究与实践推广的。农业标准化是一项系统工程，需要借助标准化专业机构、专业人才实施一对一的精准施策过程，切实提高农业标准化的综合效益。这也从一定程度上增加了农业生产成本，因而政府和社会力量需要共同扶持、培育农业标准化服务机构和专业人才。

四、农业标准化体制机制不够顺畅

农业标准制定、发布在标准化行政主管部门，而农业标准的实施却分散在农业、林业、水利、商务、供销等各行业部门，从而造成农业标准化工作的合力难以形成。目前，标准化部门注重标准制定，而轻标准实施，农业部门重现代农业产业园硬件建设，而轻标准化软件管理，农业检测机构、认证机构、标准化研究机构都是各自为政，没有形成有机、统一的标准化服务体系。

第六节 甘肃省构建农业标准体系的必要性

一、农业标准化是农业经济和农村社会发展的重要技术支撑

农业标准化是发展现代农业、建设美丽乡村的重要技术基础，是提升农业产业化水平、推动乡村产业振兴战略的重要抓手。应通过标准化丰富产业内涵，创新产业形态，促进农业产业高质量发展，为乡村振兴注入强劲动能。要把农业标准化作为推动农业发展、助力乡村振兴的切入点，大力培育农业标准化龙头业主，以特色项目为抓手，以标准化建设为目标，发挥其示范带动作用，促进农业逐步向规范化、标准化生产的新型农业道路迈进。

同时，农业标准化有利于解决农产品难卖的问题，提高居民的生活水平，缓解人多地少的矛盾，增强农产品在国际市场的竞争能力。因此，必须树立市场为先的观念，紧紧盯住市场需求，搞好农业标准化生产。这就要将提高农产品质量放在突出位置，把农业发展由数量型转移到质量型上来，强化质量第一的观念，使农业标准化成为农业经济和农村社会发展的重要技术支撑。

农业标准化在促进农业农村经济社会发展方面起着重要的作用。推进农业标准化，可以提高农业生产效率和质量，增强农产品的竞争力，促进农村产业的发展和农民收入的增加。同时，农业标准化有利于推动农业科技创新和转型升级，促进现代农业的发展。因此，应该加强对农业标准化的重视和投入，为农业农村经济社会发展提供有力的技术支撑。

二、农业标准化是甘肃省农业竞争力和软实力的核心要素

农业标准化是甘肃省农业竞争力和软实力的核心要素，是提升农产品质量安全水平、增强农产品市场竞争能力、推动农业转型升级和现代农业发展的重要抓手。甘肃省作为一个自然条件比较恶劣的农业大省，要巩固农业的基础地位，除扎实推进农业供给侧结构性改革，大力发展现代丝路寒旱农业、高效节水农业、设施农业和规模养殖业等措施促进农业提质增效以外，还必须重视农业标准化工作的重要作用。制定和实施农业标准，可以提高农业生产效率和质量，降低生产成本，增强农产品的竞争力，有利于推动农业科技创新和转型升级，促进现代农业的发展。

甘肃省在农业标准化方面已经取得了一定的成绩。例如，定西市通过建设标准化种植基地、推广标准化生产技术等措施，推动了马铃薯产业的快速发展。张掖市以蔬菜产业为重点，通过制定和实施一系列蔬菜标准，提高了蔬菜的品质和产量，促进了当地蔬菜产业的发展。这些成功的案例表明，农业标准化已经成为甘肃省农业竞争力和软实力的核心要素。

甘肃省应该继续加强对农业标准化的重视和投入，完善农业标准体系，提高农业标准的实施和监督力度，推动农业标准化与现代农业发展的深度融合。同时，甘肃省应该加强农业标准化的宣传和推广，增强农民对农业标准化的认识和意识，引导农民积极参与农业标准化的实施和推广，为甘肃省农业农村经济社会发展提供有力的技术支撑。

三、农业标准化是调整农业产业结构和转变农业生产方式的重要手段

农业标准化是调整农业产业结构的重要手段。农业标准化的发展，有利于农业生产的规模化、集约化和专业化，有利于优化农业资源配置、提高农业生产效率和质量，从而推动农业产业结构的优化升级。制定和

实施农业标准，可以引导农民按照市场需求进行生产，促进农业生产与市场需求的对接。农业标准化也有利于推动农业科技创新和转型升级，促进现代农业的发展。推广先进的农业技术和标准，可以提高农业生产的技术含量和生产效率，促进农业生产的集约化和专业化。农业标准化还可以促进农业与其他产业的融合发展，推动农村一二三产业的融合发展。农业标准化建设，可以促进农业生产与加工、销售等环节的有机衔接，提高农业全产业链的效益和竞争力。

农业标准化是转变农业生产方式的重要手段。农业标准化可以打破全流程贯通的、小而全式的家庭生产单元，按照主要生产环节组建分工协作化的模块式专业生产组织，形成制种、播种收割、专业田间管理、加工、营销等专业化生产组织体系，提高农业生产效率和质量。农业标准化可以提高农产品的质量和安全水平，增强农产品的竞争力。制定和实施农业标准，可以规范农业生产过程，控制农药、化肥等农业投入品的使用量，保障农产品的质量和安全，有利于提高消费者对农产品的信任度和满意度，增强农产品的市场竞争力。因此，农业标准化在转变农业生产方式、推动农业科技创新和转型升级、提高农产品质量和安全水平等方面具有重要作用，应该加强对农业标准化的重视和投入，完善农业标准体系，提高农业标准的实施和监督力度，推动农业标准化与现代农业发展的深度融合。

四、农业标准化是提升甘肃省农业现代化水平的需要

为了大力提升甘肃省现代农业发展水平，甘肃省积极推进农业标准化建设工作，通过制定和实施农业标准化，提高农业生产效率和质量，降低生产成本，增强农产品的竞争力。农业标准化是农业科技创新的重要载体，推广先进的农业技术和标准，可以促进农业生产方式的转变和农业生产结构的调整，推动农业向高质量、高效益方向发展。农业标准化注重农业生产的环境友好性和资源节约性，通过制定和实施一系列环

境保护和资源利用标准，可以减少农业生产对环境的污染和资源的浪费，促进农业可持续发展，提高农业资源的利用效率。农业标准化有利于增强消费者对甘肃省农产品的信任度和满意度，扩大农产品市场份额，提高农业效益和竞争力。

总之，农业标准化对甘肃省农业现代化具有重要的推动作用，可以提高农业生产效率和质量，推动农业科技创新和转型升级，增强农业可持续发展能力，提升农业品牌形象和市场竞争力。

虽然甘肃省在农业标准化方面已经取得了一定的成绩，但仍需继续加强对农业标准化的重视和投入，完善农业标准体系，提高农业标准的实施和监督力度，推动农业标准化与现代农业发展的深度融合。此外，甘肃省须加强农业标准化的宣传和推广，增强农民对农业标准化的认识和意识，引导农民积极参与农业标准化的实施和推广。只有不断地增强农民的标准化意识和技能水平，才能真正实现农业生产的标准化和现代化，提升甘肃省农业现代化水平。

五、农业标准化有助于创新农业发展模式

农业标准化能够促进农业规模化和集约化发展。制定和实施一系列农业标准化，有利于规范化农业生产过程，减少不必要的生产过程，从而减少农业生产的资源投入，提高农业生产过程中的科学技术含量，提高农业生产效率，降低农业生产成本，增加农民收入。农业标准化可以促进农业生产与加工、销售等环节的有机衔接，推动农业全产业链的发展，有利于实现农业生产、加工、销售的一体化经营，提高农业全产业链的效益和竞争力。农业标准化还可以推动农业科技创新和转型升级。农业标准化是农业科技创新的重要载体，推广先进的农业技术和标准，可以促进农业生产方式的转变和农业生产结构的调整，推动农业向高质量、高效益方向发展。这有利于推动农业科技创新和转型升级，促进现代农业的发展。

第七节　甘肃省农业标准体系构建框架

　　农业标准化可以规范甘肃省农业生产方式，促进甘肃省农业规模化发展，提升甘肃省农产品在国内外农业产品市场上的竞争力，增加农民收入。甘肃省农业标准分为国际农业标准、国家农业标准、行业标准、地方农业标准和企业农业标准。地方农业标准承担着承上启下的作用，向上对接国家农业标准体系，向下指导企业标准体系。甘肃省农业标准体系分为三个层次：第一层次是农业通用标准，农业技术标准，农业管理、服务标准三个子体系；第二层次是上述三个子体系按照不同的专业技术特性划分为若干分体系；第三层次为根据专业技术特性和生产环节要素将每个分体系划分为若干个小类（由于涉及技术和生产环节较多、标准较多，没有列出）。甘肃省农业标准体系框架如图 4.1 所示。

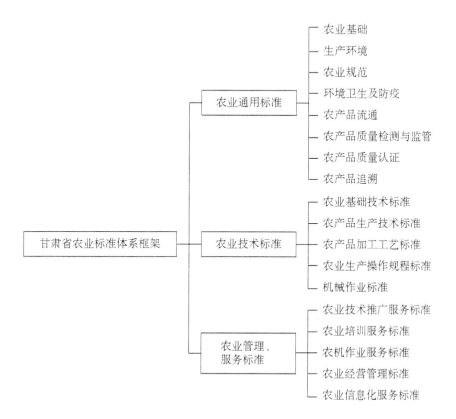

图 4.1　甘肃省农业标准体系框架

农业通用标准是其他农业标准制定和实施的基础，具有广泛的指导意义，从标准化工作的组织、实施以及标准体系的建设、评价等方面给予指导，主要包括农业基础、生产环境、农业规范、环境及卫生防疫、农产品流通、农产品质量检测与监管、农产品质量认证和农产品追溯 8个分体系。

农业技术标准是对农业生产中需要协调、统一生产技术事项所制定的标准。农业技术标准的制定能够协调农业生产过程中的技术不均衡发展，消除由于技术问题而引起的农业生产的差距，确保地区农业生产高质量、高产量的种植。农业技术标准涉及农业基础技术标准、农产品生产技术标准、农产品加工工艺标准、农业生产操作规程标准和机械作业标准。

　　农业管理、服务标准是针对农业生产领域的事项进行规范管理的标准旨在规范农业服务事项、提高农业服务质量、维护市场秩序、促进农业可持续发展。基于一、二、三产业融合发展的理念，根据甘肃省农业整体发展水平及资源条件，构建甘肃省农业管理、服务标准分体系，主要包括农业技术推广服务标准、农业培训服务标准、农机作业服务标准、农业经营管理标准和农业信息化服务标准。

　　每一个第二层分体系又包含更详细、更全面的第三层小类农业标准，这些层次的农业标准合起来形成一个既符合农业发展规律又符合甘肃省实际情况的农业标准体系。该农业标准体系以农业标准化原理为基础建立，以甘肃省农业的主要方面为依据划分，因此该标准体系的结构系统合理、要素全面完整、层次清晰协调。每一个标准只隶属于一个具体的类别，基本覆盖甘肃省农业的各个主要方面，标准之间具有较好的协调性。该标准的构建既充分考虑了当前甘肃省农业的实际需求，又充分体现了甘肃省农业未来的发展趋势，是一个具有前瞻性、先进性和适用性的农业标准体系。

第五章　甘肃省循环农业发展情况

第一节　甘肃省循环农业发展现状

一、甘肃省循环农业发展政策体系逐渐完善

目前，生态环境保护已成为各国政府发展经济面临的重要问题，如何在追求经济发展的同时保护生态环境，即人与自然和谐相处是目前生产方式研究的主要方向。农业是一国经济的基础产业，农业生产对生态环境的影响日益受到人们的重视，要减少农业生产过程对自然生态的影响，就必须改变农业生产方式，生态化、低碳化的农业生产模式是农业现代化发展的必然选择。

国务院和甘肃省人民政府一直比较重视循环农业、循环经济的发展，先后制定了一系列关于甘肃省循环农业和循环经济发展的政策，明确了循环经济发展理念，将其作为全省经济发展的核心思想，在原有的循环农业发展模式基础上进一步优化，建立了以减量化优先为主要特征的循环型农业体系。

二、甘肃省循环农业成果显著

"十三五"以来，甘肃省紧紧围绕"牛羊菜果薯药"六大优势特色产业，以现代丝路寒旱农业为统揽，以绿色循环发展为导向，特色空间布局持续优化，打造了一大批绿色化、标准化、规模化种养基地，创建国家农业绿色发展先行区2个，累计创建省级绿色农产品标准化生产基地10个。截至2022年，甘肃省农业科技进步贡献率为58.2%，高标准农田面积为1700万亩，农田灌溉水有效利用系数为0.639，农作物耕种收综合机械化率为65%。2022年甘肃省全省农用化肥使用量为77.13万吨，比2021年全年使用量减少了0.08万吨；农用塑料薄膜使用量18.81万吨，比2021年增加了0.74万吨。2022年甘肃省农村人口数为2009.24万人，比2021年的2033.50万人减少了24.26万人；农业生产总值18.06亿元，比2021年增加了1.83亿元；农村居民人均可支配收入12165元，比2021年增加了732元。2022年，甘肃全省共生产绿色、有机和地理标志农产品达到2290个。2023年甘肃省在14个重点县区开展秸秆综合利用试点项目，建设了超过56个的秸秆综合利用示范展示基地，年度秸秆综合利用率达到90%以上，比2022年提高了5个百分点。2023年甘肃省受污染耕地安全利用率达到96.9%，废旧农膜回收率为85.34%，尾菜处理利用率为54.1%，畜禽粪污综合利用率为80%。

第二节 甘肃省循环农业发展的主要模式

甘肃省目前主要的循环农业模式有以下六种。

一、畜牧业循环模式

畜牧业循环模式主要以"草—畜—沼—种""草—畜—沼—菜""草—畜—沼—果"等循环模式和"种植业—养殖业—菌业"三元双向等循环模式为主。这种循环农业生产模式主要实施区域位于河西走廊地区。河西地区干旱少雨，是甘肃省年降水量较少的地区，但是河西地区光照比较强，并且温差大、病虫害较少，比较适合发展旱作农业。该地区草原地域辽阔，可以建立草养畜—畜粪制造沼气—沼渣作为果树、菜的肥料的循环农业，或者是果树、蔬菜种植—废弃物作为牛、羊的饲料—牛、羊的废弃物用来发展菌业的循环农业形式。

二、果业循环模式

果业循环模式主要以"果—沼—畜"等循环模式为主。这种模式主要实施区域在陇东黄土高原地区，主要包括平凉和庆阳地区。这两个地区是甘肃省的农耕生产区域，平凉和庆阳环县的牛羊肉产业发展规模较大，所以要大力推行以种带养、种养结合、粮经轮作、休耕免耕、间作套种等循环农业模式。例如，在畜牧业地区发展"畜—加工业—生态有机肥—邮寄瓜菜产业"的循环农业模式，在苹果等优质林果业地区大力发展"有机粮果菜种植—畜禽养殖—有机肥还田""果—沼—畜"等循环模式，合理布局畜禽粪污收集加工处理中心，将牧草种植、畜禽养殖、有机肥加工、果蔬种植、沼气开发利用等环节连接起来，形成庆阳"北羊南果"、平凉"牛果互促"的区域生态农业循环格局。同时，应推进农耕文化与旅游产业的深度融合，催化观光农业、创意农业、体验农业等新产业、新业态，加快打造绿色循环、低碳发展的农业增长极。

三、中药材循环模式

中药材循环模式以"中药材—药渣（下脚料）—饲料—养殖业"模

式为主。这种循环农业模式主要推广区域在定西等黄土高原沟壑区域，这个区域可以大面积耕作的农田不多，多以沟、壑形式存在，所以在这个区域要因地制宜地发展梯田耕作方式，并且提倡退耕还林（草），大力发展马铃薯、草畜、中药材等特色产业。在中药材主产区，重点推广"中药材—药渣（下脚料）—饲料—养殖业"模式；在马铃薯主产区，重点推广"马铃薯加工副产物（薯渣、薯液）—处理提取蛋白饲料—生态养殖"、马铃薯废水（薯液）变肥水肥田等生态农业循环模式，加大废旧农膜回收利用，加快构建中部特色优势产业循环体系，提升小流域生态治理和产业开发水平，实现生态产业化、产业生态化。

四、农业产业链循环模式

这种循环农业模式以"林果—林下养禽养蜂（食用菌、药材）—有机肥—有机农产品""尾菜—养殖—沼气—有机肥—种植"等立体复合型循环农业模式为主，主要应用区域为甘肃省的陇南市和天水市南部，借助长江上游生态屏障，在突出保护生物多样性和防灾减灾的基础上，统筹构建林果业、种养业闭环农耕方式。林、果种植的废弃物可以作为养殖业的饲料，养殖业的废弃物可以制作有机肥或者沼气，有机肥又可以代替化肥助力林、果、蔬的生长，或者将沼气用于生活照明、做饭及相关农业生产，以沼渣替代化肥助力林、果、蔬生长。

五、养殖业循环模式

这种循环农业模式以"畜—粪便—有机肥—无公害农产品"或"牧草—养畜—农产品加工"等模式为主，主要推广区域为甘南地区及祁连山高寒牧区。这两个地区草地资源比较丰富，具备发展"草—畜—农作物（草）"或"草—畜—肉制品（肉制品）—有机肥—农作物（草）"的循环农业模式的条件。依赖于丰富的草、畜资源，甘南地区及祁连山高寒牧区应该转变传统畜牧业地区的农业生产方式，发展以草为牲畜饲料、牲畜粪便为农作物和草地有机肥的循环农业发展模式，或者是发展以草为牲畜饲料，牲畜乳制品、肉制品产业加工废弃物沤肥再作为草地和农作物的肥料的循环农业模式。这种循环农业模式有利于甘南地区及祁连山高寒牧区的生态环境保护，使该地区的草—牧—农可以持续良性发展，同时有机乳制品、肉制品和农作物能够提高当地农民的收入水平，提高其生活质量。

六、农业废弃物循环利用模式

这种循环农业模式以"秸秆—畜禽养殖—沼气—有机肥—果园（菜园）—无公害农产品""秸秆（尾菜）—基质—食用菌基地—菌糠—生物饲料有机肥—生态养殖和有机农业""餐厨垃圾—有机肥料—果园（菜园）—无公害农产品"循环模式为主，主要应用区域是沿黄灌区，主题是形成绿色高效现代都市农业循环模式。这一区域水力资源相对丰富，是粮食主产区，蔬菜、瓜果丰富，所以在这个区域以秸秆为基础发展畜禽养殖，以废渣制造沼气，以沼渣作为有机肥发展有机蔬菜或者瓜果种植；也可以以秸秆为基础发展菌类种植，以菌糠进行有机饲养，形成生态养殖和有机农业的循环农业模式。

第三节 甘肃省发展循环农业的必要性

甘肃省是我国农业的发源地，农业生产历史悠久，但是由于人类农业活动和气候变迁的影响，该地区水资源逐渐干涸，水土沙化严重，存在农业资源存量不足、生态环境脆弱、农业经济发展滞后、农村基础建设落后、农民收入低下等现实问题，这些问题阻碍着甘肃省农业增效、农民增收和农村发展。发展循环农业有利于提高农业资源的利用效率，治理和保护农业生态环境，改善农村居民生活环境，调整产业结构，提高农产品在销售市场的竞争力，从而增加农民收入。

一、缓解农业资源约束矛盾的需要

甘肃省农业生产资源短缺，尤其是土地和水资源短缺。第三次全国国土调查显示，甘肃省土地总面积 4 258.89 万公顷，耕地面积 5 209 475.41 公顷，占总面积的 12.23%，耕地面积占比较小，且质量较差。甘肃省是我国严重缺水的地区，绝大部分耕地是旱地，旱地面积为 3 749 975.95 公顷，占总耕地面积的 71.98%。水地面积只有 4 151.11 公顷，仅占总耕地面积的 0.08%。水浇地面积为 1 455 348.35 公顷，占总耕地面积的 27.94%。

甘肃省水资源缺乏，2020 年水资源总量 408 亿立方米，地表水资源 396 亿立方米，地下水资源 158.2 亿立方米，年降水量 334.4 毫米，低于全国平均年降水量 706.5 毫米，属于严重缺水地区。

循环农业遵循"3R"原则，即减量化、再生产和再利用原则。首先，循环农业坚持资源节约，提倡在农业生产中节约资源，避免投入过多资源而造成浪费；其次，循环农业提倡农业清洁生产，提倡使用环境友好型农业生产技术和适度使用农用化学品，实现对农业生产环境的最小影响；最后，循环农业遵循循环生产方式，按照"自然资源→农产品→农业废弃物→再生资源"的生产方式进行农业生产，实现资源的最大化利用。根据甘肃省农业生产的条件和循环农业生产的特点来看，循环农业是甘肃省农业发展的唯一正确选择，循环农业生产方式可以有效缓解甘肃省农业生产的资源不足、利用率不高和环境污染等问题。

二、改善生态环境的需要

甘肃省农业生产方式仍然是以传统农业生产方式为主，传统农业生产方式属于粗放型生产方式，是高投入、低产出、高污染的高碳农业生产方式。这种生产方式为追求高产量而较多地使用化肥、农药和农膜等，不但对生态环境造成了重大破坏，而且对人类健康不利，所以农产品市场占有率不高，农民收入价低。近年来，甘肃省极端天气发生频率明显增加，从表5.1可以看出，2016年到2021年甘肃省每年都会发生自然灾害，均造成不同程度的农作物损害，农作物受灾面积最小的一年是2019年，受灾面积为17.36万公顷。虽然自然灾害引起的农作物受灾面积和损失波动不一，但自然灾害每年皆有发生，而且损失数值较大，需要引起人类的注意，要采取措施治理生态环境，减少极端天气的发生。

表5.1　甘肃省2016—2021年自然灾害损失情况

灾害类型	时间					
	2016年	2017年	2018年	2019年	2020年	2021年
农作物受灾面积/万公顷	134.33	77.31	76.42	17.36	39.56	54.76
旱灾/万公顷	99.82	52.67	5.01	45.75	0.72	41.00
洪、地质灾害及台风/万公顷	10.43	8.25	27.55	9.24	7.47	4.02
风雹灾害/万公顷	7.67	14.52	9.04	6.15	13.6	8.59
低温冷冻和雪灾/万公顷	16.41	1.87	36.62	1.72	17.77	0.68
受灾人口/万人次	997.80	668.20	922.80	224.50	485.30	389.10
受灾死亡人数/人	8.00	22.00	73.00	22.00	485.30	1.00
发生灾害起数/处	34.00	61.00	479.00	33.00	35.00	162.00
自然灾害直接经济损失/亿元	91.30	105.10	249.80	46.50	191.51	67.30

三、实现可持续发展的需要

甘肃省是农业资源禀赋较差的一个省份，耕地面积只占总面积的12.23%，且农民收入较低。同时，甘肃省是一个矿产资源比较丰富的省份，很多城市以开采矿产资源为地方经济的支柱，忽略农业发展，忽略生态环境保护。2022 年甘肃省人均耕地面积为 3 亩左右，我国人均耕地面积为 1.36 亩，甘肃省人均耕地面积大约是国家人均耕地面积的 2.21 倍，但是甘肃省是一个缺水地区，其耕地面积集中在国家 2019 年对耕地面积划分等级中的 7 ~ 15 等级之间，且以 13 ~ 15 等级为主，耕地质量比较低，耕地质量和耕地生态安全问题严重影响了甘肃省农业生产产量和质量。2022 年甘肃省森林面积 509.7 万公顷，人均森林面积为 0.205 公顷，而 2022 年全国森林面积为 2.31 亿公顷，全国人均森林面积为 0.52 公顷，甘肃省森林面积约占全国森林总面积的 2.21%，人均森林面积不到全国森林面积的 50%。甘肃省农业资源匮乏，尤其是水资源匮乏，但是甘肃省农业灌溉的水利用率并不高，2021 年甘肃省农田灌溉水有效利用率仅为 57.43% 左右，高于全国农田灌溉水有效利用率的 56.8%；但与发达国家 80% 以上的农田灌溉水有效利用率相差距离还较多。这些问题不仅造成有限农业资源的严重浪费，而且直接导致农村环境恶化，严重威胁人民群众的健康甚至生命安全。循环农业是资源节约型农业，改变了传统农业"资源—产品—废弃物"的线形生产方式，以"资源—产品—废弃物—再生资源"的循环流动方式进行生产，强调资源投入的减量化、高利用率、低污染、废弃物循环利用。这种循环型农业生产方式不但有利于解决甘肃省农业资源困乏的现状，还可以保护甘肃省农业生态环境，同时调整甘肃省农业生产结构，转变农业增长方式，实现甘肃省农业可持续发展。

四、美丽乡村建设的需要

美丽乡村建设是推进生态文明建设的重要途径，是社会主义现代化建设的重要内容，关系到国家建设的兴衰成败。目前，人民生活水平大大提高，人民群众对美好生活日益增长的要求与不平衡不充分发展之间的矛盾在乡村表现得尤为突出。要解决乡村人民群众对美好生活日益增长的追求得不到满足的矛盾，就需要全面建设社会主义事业，贯彻执行乡村振兴战略，建设现代化的农业生产体系，实现农村三产融合发展，增加农民收入，改善乡村居住环境，建设生态宜居的新农村。

甘肃省农村人居环境总体质量水平有待提高，要改善农村居民人居环境，完善农村基础设施建设，增加农村居民收入，创建生态宜居美丽乡村，就必须发展一种资源节约、高效利用和废弃物少的环境友好型农业生产方式，这种生产方式就是循环农业生产方式，可以说发展循环农业是美丽乡村建设的必然要求。

第四节　甘肃省循环农业存在的主要问题

一、水资源匮乏是阻碍循环农业发展的重要因素

甘肃省是水资源缺乏地区，水资源是阻碍甘肃农业以及循环农业发展的重要因素。水资源是农业发展不可或缺的因素，水资源短缺会导致农作物减产，甚至死亡。循环农业虽然是一种资源节约型的新型农业发展模式，强调资源的循环利用，对水资源的需求相比传统农业少，但是仍需要一定量的水资源，水资源短缺不利于循环农业的发展。2022年全国水资源总量为27 088.1亿立方米，人均水资源量是2 300立方米，而甘肃省地表水资源量为238.3亿立方米，人均水资源量为956.1立方米，与全国人均水资源量相差1 343.9立方米，人均水资源拥有量比2021年下降11.2%。2022年全国耕地实际灌溉亩均用水量为364立方米，而甘肃省农业亩均用水量203.2立方米，比全国亩均用水量少160.8立方米。

二、发展循环农业资金不足

循环农业的发展离不开大量人力、物力和资金的投入，无论是科学技术的研发还是科学技术研发的成果推广都离不开大量的资金投入。其中，循环农业规模建设需要大量资金投入，对农民的教育培训也需要大量的资金。甘肃省目前循环农业发展资金渠道单一，主要依靠政府的投入，农民的参与度较低，农民自有资金没有充分用于发展循环农业，企业资金也没有被充分利用。甘肃省政府应该拓展发展循环农业资金渠道，开辟政府资金、企业资金和农民资金相结合的多元渠道，引导企业和农民积极参与循环农业建设。

三、缺乏循环农业专业人才

循环农业涉及生态学、环境学、农学和经济学多门学科，具有很强的复杂性和长期性。同时，循环农业对农业技术具有较强的依赖性，而农业技术的研发和推广离不开高素质的专业人才，但甘肃省从事循环农业的专业技术人才相对不足，一定程度上阻碍了甘肃省循环农业的发展。

第五节　甘肃省循环农业建设对策建议

一、多措并举解决水资源短缺问题

甘肃省是一个农业大省，但是由于缺水，其农产品产量相比其他农业省份少。针对甘肃省的缺水现状，一方面应该大力发展节水农业，实现科学的滴灌和喷灌农业，逐步取代传统的农业大水漫灌的浇地用水方式；另一方面应该加强水资源的保护和管理制度，防止水资源的污染和浪费，限制农药、化肥和农膜的使用数量，保护水资源，禁止高污染的工业发展，调整产业结构，实现产业升级。

二、加大循环农业发展模式的宣传教育

农民对循环农业的认识不到位是甘肃省循环农业发展缓慢的重要原因之一，因此加大循环农业发展模式的宣传教育十分必要。首先，应该把高碳农业对人类环境造成的伤害与循环农业给人类环境带来的好处制作成短视频在各大媒体播放进行宣传，让人们感知循环农业的发展对人类环境的作用，从而认识到生态保护的重要性。其次，对循环农业生产方式、预期经济收益进行宣传教育，利用电视、广播及新媒体等加强对生态农业、农业循环经济理念的报道，让大众认可生态循环农业发展理念。最后，对传统农业经济收益与循环农业的经济预期收益、传统农业的生产方式与循环农业的生产方式、传统农业造成的生态问题与循环农业的生态保护、传统农业生产的资源投入与循环农业的资源投入等多方面进行对比宣传教育，使人们更加清晰地认识到循环农业的好处，从而自发自愿地发展循环农业。

三、建立健全循环农业融资渠道

资金短缺是阻碍循环农业发展的主要原因之一，而甘肃省循环农业发展资金融资方式单一，需要加大融资力度，加快循环农业发展进程。首先，政府应该加大对循环农业发展的财政支持力度，保障循环农业发展资金充足。其次，应该鼓励当地企业、农业合作社积极参与循环农业建设，拓展循环农业建设的资金渠道，加快循环农业的发展。最后，企业和农业合作社可以和当地的农业院校合作，农业院校提供农业研发技术，企业和农业合作社提供实践场所，在节约农业科技研发经费的同时，促进循环农业发展。

四、多渠道加强循环农业专业人才建设

针对甘肃省循环农业专业人才缺乏的限制，甘肃省政府应该从以下几个方面加强专业人才建设。一是制定优惠政策引进优秀人才。通过制定和实施相关优惠政策，吸引和引进具有循环农业专业知识的人才来甘肃省工作；也可以与国内高校、研究机构，尤其是本省的高校和研究机构等合作，了解和掌握循环农业领域的较新动态和人才需求，并通过提供良好的工作环境和待遇，吸引优秀人才的加入。二是通过培训和继续教育提高现有的农业工作者的专业素质，使他们了解循环农业的内涵、掌握循环农业的发展模式，成为循环农业发展领域的专家和领导者，然后宣传带动大家发展循环农业。三是构建人才库。政府应建立循环农业人才库，将各类人才的简历、专业技能、从业经验等信息进行汇总和展示；也可以开展人才交流活动，让不同领域、不同层次的人才相互了解、对接和合作。

第六章　甘肃省循环农业发展评价指标体系

第一节　循环农业发展评价指标体系的构建思路和方法

要了解甘肃省循环农业发展情况，就需要对甘肃省循环农业发展水平进行综合计算和观察复合分析。这个综合计算和观察复合分析过程需要收集甘肃省循环农业生产基础条件、生产技术、生产环境等资料，并采用一定的方法对甘肃省循环农业进行量化和非量化的测量，最终得出一个科学的结论。本章以循环经济的"3R"原则为依据，构建循环农业发展评价指标体系，对甘肃省循环农业发展水平进行评价。

一、循环农业发展评价指标体系的构建思路

目前，绿色低碳循环发展已经成为全世界的共识，世界主要经济体普遍把发展循环经济作为破解资源环境约束、应对气候变化、培育经济新增长点的基本路径。农业循环经济是循环经济的重要组成部分，是循环经济在绿色农业、生态农业中的应用。循环农业指一种资源节约型和

环境保护型农业，在农业生产过程中不但注重资源的节约，而且注重环境的保护。循环农业系统是一个涉及多部门、多生产环节、众多因素和目标的复杂大系统。要想对循环农业的发展水平进行评价，就必须了解影响循环农业发展的基础条件、生产环境、生产技术，以及社会经济的发展和环境的变化。循环农业实施条件、社会经济发展水平和生态环境状况这三者相互影响、相互促进和制约，其中一个系统因素发生变化都会引起其他两个系统情况的变化，要素之间存在动态联动性。因此，要对循环农业发展水平进行评价，除要考虑影响循环农业发展的因素外，还要考虑其他系统因素变化对循环农业的影响。

根据循环农业"资源—产品—废弃物—资源（再利用）"的生产模式，以及减量投入、低污染、高利用的生产特点，对循环农业发展水平的评价主要考虑社会效益、经济效益和生态效益三个方面。循环农业的社会效益是指采用循环农业生产方式使整个农村的基础设施建设明显加强、农村居民的社会保障提升、生活条件明显变好、生活幸福度明显提高。循环农业的经济效益是指从事农业生产的生产效率明显提高、农产品产量有较高幅度的增加、农业产值和农民收入较传统农业生产方式明显提高、农产品更具品牌竞争力。循环农业的生态效益是指农业生产的生态环境得到较好的保护、乡村生活环境大大改善、人居环境更加优良，同时农业自然资源通过减量化的生产方式大大节约，利用效率明显提高，同样单位的资源生产率明显提高。因此，对循环农业发展水平评价的方法主要是通过指标评价体系来评价，评价指标的选取主要从循环农业的社会经济、投入资源减量化和生态环境等方面进行构建，同时考虑循环农业评价指标体系的内涵、构建原则、层次结构等。

二、循环农业发展评价指标体系的构建方法

循环农业是一种基于生态学、经济学和可持续性原则的农业发展模式。它强调资源的高效利用及环境的保护和生态平衡，通过循环利用生

物质、废弃物和资源，减少污染和环境破坏，实现农业的可持续发展。

　　完整的循环农业发展水平的评价指标体系应该包含资源利用效率指标、生态保护指标、农业生产指标、废弃物处理指标、经济效益指标、社会效益指标和政策支持指标。

　　资源利用效率指标用来评估农业资源的使用效率，应该从土地、水、能源等资源的利用效率来进行构建；生态保护指标用来评估农业对生态环境的影响，应该从土壤保护、水资源保护、生物多样性保护等方面来进行构建；农业生产指标用来评估农业生产的效率和品质，包括农作物产量、农产品质量、农业产值等；废弃物处理指标用来评估农业废弃物的处理情况，应该从废弃物的产生量、回收利用情况、处理效率等方面进行构建；经济效益指标用来评估循环农业对经济效益的贡献大小，包括农民收益、产业链发展、就业创造等；社会效益指标用来评估循环农业对社会发展的贡献大小，主要考虑从社会保障、社区发展、公平贸易等方面构建指标体系；政策支持指标用来评估政府对循环农业的政策支持和投入大小，应该从法律法规、技术研发、资金支持等方面进行指标体系的构建。

　　以上指标可以从不同角度对循环农业的发展状况进行评估，从而形成完整的循环农业发展评价指标体系。需要注意的是，不同指标的权重和具体衡量标准可能需要根据实际情况进行调整和细化。

第二节 循环农业发展评价指标体系的构建原则

一、科学性与可行性相结合原则

循环农业是一个复杂的大系统，要保证循环农业发展评价指标的科学性，即所构建的指标体系应该能全面、系统、高度概括循环农业的各层级、各生产环节的资源投入和产出内容，能够客观反映循环农业技术体系的实质以及循环农业生产的主要特征。同时，构建的指标体系数据具有可获得性，不能选取理论可行而实际数据难以获取的因素作为评价指标。选取的指标要定义精确、功能明确，不可以模棱两可。指标评价体系一般都是利用下一层指标值通过一定的方法来计算上一层指标值，环环相扣。这个过程中，如果哪一个指标定义不够明晰，将会导致运算混乱，从而无法继续进行下一步的工作。指标的选择要尽量与现行计划口径、统计口径和会计核算口径保持一致，评价指标体系中的计算方法不要过于复杂，应该难易适中，因为过于复杂不利于评价工作的开展，过于简单可能会影响评价结果的可信度。

二、系统性和层次性相结合的原则

循环农业涉及社会、经济和生态等多个方面，每一个方面又包含多个层次和子系统，在构建循环农业发展评价指标体系时，应在各个层面上选择不同的指标，即能够全方位涵盖循环农业生产的各层次的指标。循环农业是一个复杂的大系统，在构建循环农业发展指标体系时，要考虑各层次、各系统的特点和功能，构建准确、明晰的指标体系，既要避免指标体系过于庞大复杂，又要避免指标过少而遗漏重要方面，要按照一定的逻辑思维，使构建的循环农业发展水平评价指标的层次清晰、系统完善。

三、动态指标与静态指标相结合的原则

在循环农业发展评价指标体系构建中，指标选取应该遵循静态指标和动态指标相结合的原则，不能认为循环农业发展水平评价是一个现状实证行为，不能只选取静态指标而忽略动态指标。循环农业水平评价的目的不仅仅是证实地区循环农业发展的程度如何，更重要的是通过循环农业发展水平的度量，发现循环农业发展中存在的问题，并由此预测循环农业发展的趋势。因此，在循环农业发展指标体系的构建中，除考虑指标内容保持相对的稳定性外，还应该认识到循环农业生产是一个系统的、循序渐进的过程，在指标体系构建过程中需要充分考虑指标的动态性，综合反映循环农业的发展过程和未来趋势，以便于更好地管理和发展循环农业。

四、定性和定量相结合的原则

构建循环农业发展评价指标体系应该充分考虑数据的可获得性和可量化性，要定性和定量相结合地构建指标体系。一般来说，评价指标体系应该尽量选择定量类指标，因为其数据比较容易获得，评价方法比较容易操作，而且评价结果比较客观。循环农业发展指标体系构建应该充分考虑数据的可获得性，尽量选择数据行变量指标，某些不易于量化却有着重要意义的指标，亦可以选用定性类指标来描述，这些定性类指标可以通过其他主观性方法赋值参与评价。循环农业发展水平评价的最终目的是推动循环农业的发展，因此在评价指标构建中，不应该只选取易于操作的定量指标而忽视具有重要意义的定性指标，如实构建循环农业

发展水平的指标体系，才能使循环农业发展得更好。

五、遵循"3R"性和政策相结合的原则

循环农业的"3R"性原则是指在农业生产过程中应该遵循"减量化、再利用、再循环"的原则。减量化原则针对循环农业生产的输入端，旨在通过最大化减少对不可再生资源的开采和利用，保护生态环境。再利用原则针对农业生产的中间环节，农业生产是一个环环相扣的系统，上游生产的废弃物不应该直接当作垃圾处理，再利用原则就是尽量延长农业生产资源的利用时期，从而达到节约资源投入、减少废弃物生产和提高农业资料利用率的目的。再循环原则针对农业生产的输出端，旨在对农业废弃物进行再加工与处理，使其成为可以再进行生产的资源，从而实现农业资源的再循环利用，即以农业生产的废弃物的最大利用化为目标，形成农业闭环模式。

循环农业发展评价指标除反映"3R"原则外，还应该反映当地政府农业侧重点和农业目标，应该选择符合本地区农业特征、反映本地区各类方针政策规定，并能为政策提供导向的指标。要结合循环农业发展战略目标，通过对指标权重的控制来引导农业按照政策要求的方向发展，从而实现循环农业的发展战略目标。

第三节　循环农业发展评价指标体系的构建过程

构建科学、全面的循环农业发展指标体系是循环农业发展水平评价的关键，该指标体系由若干相互联系、相互影响的指标构成，具有明确的层次性和系统性，是众多影响循环农业发展的因素的集合。

一、循环农业发展评价指标体系基础知识准备

循环农业是一种新型农业生产方式，涉及社会、经济和生态三个方面，要构建循环农业发展评价指标，就要先整体了解生态学、经济学、循环经济、现代化农业等多方面的知识体系和发展状况，了解甘肃省政府对循环农业制定的相关政策，熟练掌握指标评价方法。这样才能构建出完善的循环农业发展评价指标体系，才能对甘肃省循环农业发展水平作出客观的评价。

二、循环农业发展评价指标的初选和评价方法选择

形成一套可以应用的评价指标体系需要反复的实验，循环农业发展评价指标体系的构建也是一个多次实验的结果。本章借鉴众多学者关于循环农业评价指标体系的研究，结合甘肃省"十四五"规划的基本内容，在满足充分性、可行性的基础上，建立了一套衡量甘肃省循环农业发展水平的指标预选体系。

指标评价方法众多，应该根据实际数据结构、资料的充分性、评价对象特点和个人实际研究能力选择合适的评价方法，过于复杂的评价方法不利于评价工作的开展，过于简单的研究方法则会降低评价结果的可信性，所以应该选择难易适中的评价方法。

三、通过检验构建可应用的指标体系

初步构建的指标体系还不能直接应用，还需要对指标体系中的指标的单一性和整体性进行检验，通过检验、修缮后的指标体系才能够进行应用。单一性检验是指对指标体系中的单个指标的可行性和正确性的检验，具体检验这些指标是否符合实际情况，以及指标的计算方法和计算结果是否正确。整体性检验是指对整个指标体系的完整性进行检验，检验指标体系中的哪些指标是符合评价目标的，哪些指标是不符合评价目

标的，将不符合评价目标的指标从指标体系中剔除。通过单一性检验和整体性检验后，还要查阅大量相关资料，运用独立性分析方法进一步筛选评价指标，最终确定循环农业评价指标体系。

第四节　循环农业发展评价指标的构建

在循环农业发展评价指标构建过程中，应该选择使用频率高且能反映循环农业发展本质的指标。循环农业发展评价使用频率高的指标可以通过文献检索、高频词提取的方法来确定；能够反映循环农业发展本质的指标需要研究者对循环农业的内涵、发展目标进行研究后经过多文献对比来确定。

一、循环农业发展评价指标确定

发展循环农业的目的是在增加农民收入的同时使农村生态环境得到保护，即循环农业生产模式目标是要实现农业社会效益、经济效益和生态效益的统一。因此，循环农业评价指标可以按照社会、经济、生态三个大类以及循环农业的"3R"原则来构建。本书将循环农业发展评价指标体系分为四大类，分别为经济社会发展指标、资源减量投入指标、资源循环利用评价指标和资源环境安全评价指标。

经济社会发展指标用来衡量发展循环农业的农村社会、经济效益，选取能够衡量农业和农村发展的人均农业 GDP（元／人）、农村居民人均可支配收入（元／人）、粮食单产（吨／公顷）、第一产业固定资产投资增速（％）、城镇化率（％）、农业产业结构调整幅度指数（％）等 6个指标进行评价。

资源减量投入指标用来衡量农业生产过程中资源的投入量、使用程度，选取化肥使用强度（千克/公顷）、农药使用强度（千克/公顷）、农膜使用强度（千克/公顷）、机械使用强度（千瓦/公顷）、农用水强度（吨/公顷）、农用柴油使用强度（千克/公顷）等6个指标进行评价。

资源循环利用评价指标用来衡量农业生产过程中废弃物重新作为生产资源被重复利用的能力以及废弃物无害化处理的能力，选取农业土地产出率（万元/公顷）、流失土地治理率（%）、耕地复种指数（%）、卫生厕所普及率（%）、人均沼气使用率（%）等5个指标进行评价。

资源环境安全评价指标用来衡量循环农业生产过程中对农业资源和环境的影响，选取森林覆盖率（%）、有效灌溉系数（%）、人均耕地面积（公顷/人）、单位播种面积可用水量（吨/公顷）等4个指标进行评价。

甘肃省循环农业发展评价指标体系如表6.1所示。

表6.1　甘肃省循环农业发展评价指标体系

目　　标	分类指标	单项指标	指标属性
循环农业发展水平	B_1 经济社会发展指标	C_1 人均农业 GDP（元/人）	+
		C_2 农村居民人均可支配收入（元/人）	+
		C_3 粮食单产（吨/公顷）	+
		C_4 第一产业固定资产投资增速（%）	+
		C_5 城镇化率 (%)	+
		C_6 农业产业结构调整幅度指数（%）	+
	B_2 资源减量投入指标	C_7 化肥使用强度（千克/公顷）	−
		C_8 农药使用强度（千克/公顷）	−
		C_9 农膜使用强度（千克/公顷）	−
		C_{10} 机械使用强度（千瓦/公顷）	−
		C_{11} 农用水强度（吨/公顷）	−
		C_{12} 农用柴油使用强度（千克/公顷）	−

续表

目　标	分类指标	单项指标	指标属性
循环农业发展水平	B₃ 资源循环利用评价指标	C_{13}农业土地产出率（万元/公顷）	+
		C_{14}流失土地治理率（%）	+
		C_{15}耕地复种指数（%）	+
		C_{16}卫生厕所普及率（%）	+
		C_{17}人均沼气使用率（%）	+
	B₄ 资源环境安全评价指标	C_{18}森林覆盖率（%）	+
		C_{19}有效灌溉系数（%）	+
		C_{20}人均耕地面积（公顷/人）	+
		C_{21}单位播种面积可用水量（吨/公顷）	+

注："+"和"-"是指该指标与循环农业发展水平之间的关联关系，"+"表示正向指标，"-"表示负向指标。正向指标通常与所研究的现象、变量或事件的预期结果同向关联，指标值越大越好；负向指标通常与所研究的现象、变量或事件的预期结果反向关联，指标值越小越好。

二、循环农业发展评价指标解释

循环农业发展指标是评价循环农业发展水平的关键，那么为什么选择这些指标，而不选择其他指标来对循环农业发展水平进行评价呢？下面对选入循环农业发展评价指标体系的指标作一个说明。

C_1人均农业GDP（元/人）在数值上等于农业生产总值与农村总人口数之比，这里的农业生产总值只包含狭义上的农业（种植业）生产总值，不包含广义的林、牧、渔的生产总值，农村人口则是指农村的常住人口。该指标用来衡量农村居民从事一年农业生产所获得的最终成果。

C_2农村居民人均可支配收入（元/人）在数值上等于农村居民可支配收入与农村居民总人口数之比，是农村居民一年所有收入扣除其他所有费用支出后留下的可以随意支配的收入的平均值。该指标用来衡量一个地区农村居民人均可支配收入的高低。

C_3 粮食单产（吨 / 公顷）在数值上等于粮食总产量与粮食播种面积之比。该指标用来衡量一个地区粮食播种单位面积产量大小。

C_4 第一产业固定资产投资增速（%）在数值上等于报告期第一产业固定资产投资增长量与基期第一产业固定资产规模之比。该指标用来描述第一产业固定资产投资规模的相对增长程度。

C_5 城镇化率 (%) 在数值上等于城镇人口数与该地区全部人口数之比。该指标用来衡量一个国家或地区社会组织程度与管理水平，是一个国家或地区经济发展的重要标志。

C_6 农业产业结构调整幅度指数（%）在数值上等于农村的非农产业的总产值与农林牧渔总产值之比，一个地区非农产业的总产值等于该地区的国内生产总值减去农林牧渔的总产值。该指标用来反映传统农业向现代农业过渡的水平，也是循环农业发展、产业结构升级的重要组成部分。

C_7 化肥使用强度（千克 / 公顷）在数值上等于化肥施用量与农作物播种面积之比，化肥施用量为当年农业生产化肥使用的折纯量。

C_8 农药使用强度（千克 / 公顷）在数值上等于农药使用量与农作物播种面积之比。

C_9 农膜使用强度（千克 / 公顷）在数值上等于农膜的总使用数量与农作物播种面积之比，塑料薄膜使用量是指农用耕地本年实际地膜用量。农膜使用量 = 农用塑料薄膜使用量（千克）+ 地膜使用量（千克）。

C_{10} 机械使用强度（千瓦 / 公顷）在数值上等于农用机械总动力与农作物播种面积之比。该指标用来衡量一个地区单位农作物面积上的农业机械化水平高低。

C_{11} 农用水强度（千克 / 公顷）在数值上等于农业用水量与农作物播种面积之比。该指标用来衡量一个地区农业播种中水资源的使用情况。

C_{12} 农用柴油使用强度（千克 / 公顷）在数值上等于农用柴油使用量与农作物播种面积之比。

C_{13}农业土地产出率（万元／公顷）在数值上等于农业生产总值与耕地面积之比。该指标用来反映单位面积的出产情况，是衡量土地利用率的一个重要指标。由于2018年以后甘肃省统计年鉴不再统计耕地面积这个指标，所以本书用农业播种面积替代耕地面积。

C_{14}流失土地治理率（％）在数值上等于水土流失治理面积与土地面积之比。该指标用来衡量土地资源利用率和可持续性，这个指标越高说明土地资源的利用率越高，表明当地的土地资源得到了有效的保护和利用，土地生态环境得到了改善。

C_{15}耕地复种指数（％）在数值上等于全部播种农作物的总面积与耕地面积之比。该指标用来反映一年内同一款耕地面积上种植农作物的平均次数，是衡量耕地集约化利用程度的指标。

C_{16}卫生厕所普及率（％）在数值上等于使用卫生厕所的农户数在总农户数中的比重，是用来反映农村生态治理情况的指标。

C_{17}人均沼气使用率（％）在数值上等于沼气总产量与总户数之比，是一个衡量农村生态环境的指标。

C_{18}森林覆盖率（％）在数值上等于森林面积与土地面积之比。森林有防风、固土、净化空气等调节生态平衡的功能，因此该指标用来衡量当地生态保护和平衡状况。

C_{19}有效灌溉系数（％）在数值上等于（实际灌溉面积 × 实际灌溉深度）／（灌溉用水量 × 农田面积），是一个反映生态环境状况的指标。

C_{20}人均耕地面积（公顷／人）在数值上等于耕地面积与人口总数之比。该指标用来衡量一个地区的人均土地资源情况。

C_{21}单位播种面积可用水量（吨／公顷）在数值上等于农业用水总量与农作物播种面积之比。该指标用来衡量农业生产可利用水资源情况，水资源总量为当年地下水和地表水量之和。

第七章 甘肃省循环农业发展水平测度

要想对甘肃省循环农业发展水平作出客观的评价，需要对第六章构建的指标体系中的指标赋予不同的权重。关于指标权重的赋值有主观赋值法和客观赋值法。主观赋值法包括德尔菲法、层次分析法等，主观赋值法是对评价指标反映内容的重要程度在主观上的判断，这种赋值方法虽然属于主观判断，但是并不是随意赋值的，评价指标赋值一般都是众多行业内经验丰富的专家经过多轮背靠背打分和最终讨论才决定下来的。客观赋值法主要包括熵权法、灰色关联度法和主成分分析法，客观权重赋值方法也就是定量权重赋值方法，是平等看待各指标的，以数据信息与差别来界定各指标的权重。根据甘肃省循环农业数据的特点并结合其他学者的研究，本书选取熵权法对指标权重进行赋值。

第一节　循环农业指标赋值方法

一、评价方法——熵权法概述

熵是物理学概念，由美国学者、信息论的创始人香农（C. E. Shannon）最早引入信息论中，因此也称为信息熵[①]。熵权法是一种客观赋值法。在具体使用过程中，熵权法根据各指标的变异程度，利用信息熵计算出各指标的熵权，再通过熵权对各指标的权重进行修正，从而得出较为客观的指标权重。熵权法利用指标熵值的大小来判断指标的离散程度，一般来说熵值越小，指标的离散程度越大，该指标对总体的贡献度（影响）也越大，这时指标的权重就越大；反之，熵值越大，指标的离散程度越小，该指标对总体的贡献度也越小，这时指标的权重就越小。

信息熵为信息对系统的一个有序程度度量；熵是对系统的一个无序程度度量。假设某系统存在 m 种不同的状态，每种状态出现的概率为 $p_i(i=1,2,\cdots,m)$，则该系统的熵定义为 $e=-\sum_{i=1}^{m}p_i\ln p_i$，当 $p_i=\dfrac{1}{m}(i=1,2,\cdots,m)$ 时，熵取得最大值，最大值为 $e_{\max}=\ln m$。若有 m 个待评估项，n 个评价指标，这样就可以构成原始矩阵 $\boldsymbol{R}=(r_{ij})_{m\times n}$，某指标 r_j 的熵值为 $e_j=-\sum_{i=1}^{m}p_{ij}\ln p_{ij}$，其中 $p_{ij}=\dfrac{r_{ij}}{\sum\limits_{i=1}^{m}r_{ij}}$。

---

① SHANNON C E.A mathematical theory of communication[J].Bell System Technical Journal, 1948, 27（4）: 625.

二、熵权法评价步骤

（一）构建原始数值矩阵

用 R_{ij} 表示第 i 年第 j 项指标的原始数据，根据构建的指标体系可以构建原始矩阵 $\boldsymbol{R}$ 如下：

$$\boldsymbol{R} = \begin{bmatrix} R_{11} & R_{12} & \cdots & R_{1n} \\ R_{21} & R_{22} & \cdots & R_{2n} \\ \vdots & \vdots & & \vdots \\ R_{m1} & R_{m2} & \cdots & R_{mn} \end{bmatrix}$$

（二）数据的标准化处理

由于指标原始数据的量纲和数量级不一致，数据之间不能直接进行计算和比较，所以首先需要对原始数据进行标准化处理，将绝对值转化为相对值，使不同年份不同指标更具有可比性。为消除负数和 0 的影响，同时对数据进行平移处理。

正向指标标准化处理如下：

$$r_{ij} = \frac{R_{ij} - \min\left\{R_{1j}, \cdots, R_{mj}\right\}}{\max\left\{R_{1j}, \cdots, R_{mj}\right\} - \min\left\{R_{1j}, \cdots, R_{mj}\right\}}$$

负向指标标准化处理如下：

$$r_{ij} = \frac{\max\left\{R_{1j}, \cdots, R_{mj}\right\} - R_{ij}}{\max\left\{R_{1j}, \cdots, R_{mj}\right\} - \min\left\{R_{1j}, \cdots, R_{mj}\right\}}$$

其中，r_{ij} 为第 i 年第 j 项指标标准化后的数值。

（三）计算第 j 项指标在第 i 年的比重 k_{ij}

计算公式如下：

$$k_{ij} = \frac{r_{ij}}{\sum_{i=1}^{m} r_{ij}}$$

（四）计算熵值

计算公式如下：

$$e_j = -\frac{1}{\ln m}\sum_{i=1}^{m} k_{ij} \ln k_{ij}\ (j=1,2,\cdots,n)$$

其中，e_j 为第 j 项指标的熵值，其中 $0 \leq e_j \leq 1$，$\ln mn$ 必须大于 0。

（五）计算指标权重

计算公式如下：

$$g_j = 1 - e_j$$

$$w_j = g_j / \sum_{i=1}^{n} g_j$$

其中，w_j 为第 j 项指标的权重，g_j 为第 j 项指标的差异性系数。指标的熵值越大，差异性系数越小，则其权重越大。

（六）计算综合得分

计算公式如下：

$$S_{ij} = \sum_{j=1}^{n} w_j r_{ij}$$

其中，w_j 为第 j 项指标的权重，r_{ij} 为第 i 年第 j 项指标标准化后的数值，m 为测度年数，n 为指标总项数，S_{ij} 为综合得分。S_{ij} 越大，代表该年份的城乡融合程度越好。

第二节　甘肃省循环农业发展指标分析

一、经济社会发展指标分析

从 2010 年到 2021 年甘肃省人均农业 GDP、农村居民人均可支配收入以及粮食单产均呈现逐年上升的趋势，这说明甘肃省的农业发展形势总体向好。人均农业 GDP 从 2010 年的 3 845.63 元增长到 2021 年的 11 917.62 元，增长了 8 071.99 元，除去价格因素的影响，人均农业 GDP 实际增长不少，这说明甘肃省农业取得了较大的发展。从农村居民人均可支配收入的变化来看，农村居民人均可支配收入 2021 年比 2010 年增长了 8 008 元，这说明农村居民变得更加富裕了。从单位面积的粮食产量可以看出，2021 年粮食单产 4 600.56 千克/公顷比 2010 年的 3 422.77 千克/公顷增长了 1 177.79 千克/公顷，这说明农业科学技术以及农业生产环境的进步和改善对粮食产量产生了较大的作用，见表 7.1。

表 7.1　2010—2021 年甘肃省人均产出和粮食单产状况

年份	人均农业 GDP/ 元	农村居民人均可支配收入 / 元	粮食单产 / （千克·公顷 $^{-1}$）
2010	3 845.63	3 425	3 422.77
2011	4 300.24	3 909	3 580.54
2012	4 725.23	4 507	3 908.27
2013	4 951.20	5 108	3 983.97
2014	5 655.80	5 736	4 076.28
2015	6 145.30	6 936	4 251.48
2016	6 760.48	7 457	4 163.11
2017	7 252.86	8 076	4 177.74
2018	8 167.02	8 804	4 352.79
2019	9 215.70	9 629	4 504.19
2020	10 561.56	10 344	4 556.78
2021	11 917.62	11 433	4 600.56

　　农业产业结构调整幅度指数可以反映传统农业向现代农业过渡的水平，是循环农业发展、产业结构升级的重要组成部分。由图 7.1 可知，农业产业结构调整情况起伏不大，农业产业结构调整幅度指数基本保持在百分之六点多到百分之七点多的水平，这说明甘肃省传统农业向现代农业转变的进度较慢，传统农业仍然是农业的主要发展模式。甘肃省的城镇化率逐年提高，从 2010 年的 36.1% 提高到 2022 年的 54.2%，说明甘肃省城镇化进程取得了不错的成果，但与 2022 年全国平均城镇化率 65.22% 仍然存在一定的差距，与发达国家的城镇化率（一般在70% ~ 90%）差距也较大。从 2010 年至 2022 年的第一产业固定资产投资增速来看，各年份差异较大，2017 年第一产业固定资产投资增速较前一年下降较大，增速直接变为负值，这说明 2017 年的第一产业投资政策有较大变动。第一产业固定资产投资增速最大的是 2014 年，达到了75.85%，这说明 2014 年的第一产业固定资产投资规模较大。

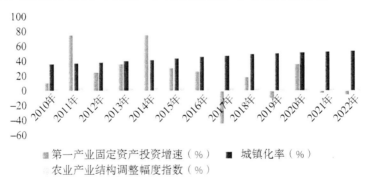

图 7.1　2010—2022 年甘肃省经济社会发展相关指标

二、资源减量化指标分析

　　图 7.2 是 2010—2021 年甘肃省资源减量化指标，可以看出，甘肃省化肥施用强度数值变化波动不是很大，但是仍然呈现先上升后下降的趋势，具体变化情况是从 2010 年 213.41 千克／公顷开始呈现逐年增加趋

势，2015 年化肥施用强度达到 12 年来的最大值 259.56 千克 / 公顷，化肥施用强度平均每年增加 9.23 千克 / 公顷；2015 年以后，化肥施用强度开始下降，到 2021 年化肥施用强度降为 192.85 千克 / 公顷。这说明甘肃省农业生态治理取得了一定的成果，农民已经开始有意识地减少农用化肥的施用量。农业用水强度基本呈现逐年升高趋势，中间有一个较小幅度下降波动，升高速度不是很快，在 12 年中农业用水强度最小的年份为 2013 年，强度为 863.40 吨 / 公顷；最大的年份为 2021 年，强度为 1 036.76 吨 / 公顷。

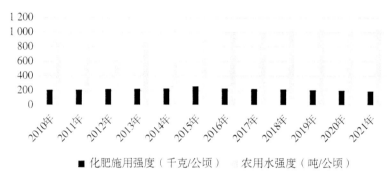

图 7.2　2010—2021 年甘肃省资源减量化指标

表 7.2 是 2010—2021 年甘肃省资源减量化指标数据，可以看出，2010 年到 2021 年甘肃省农业农药施用强度和农用柴油使用强度基本呈现先上升后下降的趋势，农药施用强度在 2015 年达到峰值，数值为 20.90 千克 / 公顷；农用柴油使用强度在 2017 年达到峰值，数值为 121.68 千克 / 公顷。农膜使用强度也基本呈现先上升后下降的变化趋势，从 2010 年到 2016 年农膜使用强度逐年递增，从 2017 年到 2020 年农膜使用强度递减，但是 2021 年农膜使用强度又有所增加。机械使用强度以 2015 年为界分成两个阶段，2010 年到 2015 年这一阶段的机械使用强度明显高于 2016 年到 2021 年这一阶段的机械使用强度，在这两个阶段中，机械使用强度都呈现递增趋势。

表 7.2　2010—2021 年甘肃省资源减量化指标数据

年份	农药施用强度 /（千克·公顷⁻¹）	农膜使用强度 /（千克·公顷⁻¹）	机械使用强度 /（千瓦·公顷⁻¹）	农用柴油使用强度 /（千克·公顷⁻¹）
2010	11.15	49.48	4.95	72.59
2011	16.81	54.07	5.25	72.74
2012	17.90	57.64	5.53	75.46
2013	18.59	61.44	5.78	82.23
2014	18.54	67.61	6.06	91.96
2015	20.90	79.00	7.12	113.19
2016	18.62	85.78	5.07	112.40
2017	13.91	75.03	5.40	121.68
2018	11.36	72.80	5.57	108.12
2019	10.95	68.88	5.67	102.05
2020	10.25	67.54	5.82	91.82
2021	7.03	73.14	5.97	90.05

三、资源循环利用指标分析

　　表 7.3 从农业土地产出率、流失土地治理率、耕地复种指数、农村人均沼气使用量和卫生厕所普及率几个方面反映甘肃省资源循环利用情况，这些指标可以衡量甘肃省农业经济和社会可持续发展情况。从表 7.3 中可以看出，农业土地产出率和卫生厕所普及率基本上均是逐年递增的，2010 年数值最低，2021 年数值最高。2012 年和 2013 年流失土地治理率数值有所波动，其余年份呈现稳中有增的趋势。耕地复种指数基本呈现先递增后递减又递增的变化规律，2010 年到 2012 年耕地复种指数从

86.44% 增加到 88.45%，2013 年递减为 77.68%，2014 年稍微回升以后，开始下降，连着下降 3 年后开始缓慢回升，从 2018 年到 2021 年呈现上升趋势，这反映出国家退耕还林以及退林还耕、退草还耕政策的一个变化过程。农村人均沼气使用量也基本呈现出先上升后递减再上升的变化过程。

表 7.3　甘肃省 2010—2021 年资源循环利用指标数据

年份	农业土地产出率 / （万元·公顷⁻¹）	流失土地治理率 / %	耕地复种指数 / %	农村人均沼气使用量 / 立方米	卫生厕所普及率 / %
2010	1.98	17.50	86.44	13.31	61.3
2011	2.19	17.82	88.19	13.97	68.0
2012	2.44	19.36	88.45	15.03	66.5
2013	2.29	17.28	77.68	15.99	66.9
2014	2.45	17.65	78.04	15.85	68.9
2015	2.63	18.08	71.48	14.19	71.8
2016	2.69	18.47	69.89	13.11	75.8
2017	2.90	20.15	69.53	13.40	77.4
2018	3.09	21.35	70.22	11.91	78.1
2019	3.62	22.48	71.26	12.70	79.6
2020	4.04	23.71	75.62	12.36	81.0
2021	4.68	25.43	76.74	12.51	84.0

四、资源环境安全指标分析

表 7.4 是甘肃省 2010—2021 年资源环境安全指标数据，可以看出，

甘肃省森林覆盖率从 2010 年到 2021 年均保持在 11.3%，全国的森林覆盖率从 2014 年到 2021 年一直保持在 23% 的水平上，甘肃省的森林覆盖率和全国森林覆盖率还存在较大的差距，这与甘肃省的地理位置和自然环境有很大的关系。实际上，甘肃省政府一直致力于甘肃省生态环境治理。甘肃省的森林覆盖率经历了三个阶段：在 2004 年以前，甘肃省的森林覆盖率稳定在 6.7%；2004 年到 2008 年保持在 10.4%；2008 年以后甘肃省森林覆盖率保持在 11.3%，见图 7.3。有效灌溉系数基本呈现缓慢上升趋势，最低有效灌溉系数是 2010 年的 51.00%，最高是 2021 年的 57.43%。根据农业农村部发布的数据，2021 年全国农业有效灌溉系数为 56.8%，这说明甘肃省农业有效灌溉系数低于国家平均水平。

人均耕地面积呈现波动趋势，但是波动幅度不大，人均耕地面积保持在 3.07 亩到 3.21 亩（1 亩 ≈ 0.067 公顷）。单位播种面积可用水量交错振荡，2010 年到 2012 年呈现下降趋势，2013 年到 2015 年呈上升趋势，2015 年到 2021 年呈现下降趋势，从 2015 年的 2 549.99 吨 / 公顷下降到 2021 年的 2 066.08 吨 / 公顷，下降了 483.91 吨 / 公顷，下降幅度比较大。

表 7.4　甘肃省 2010—2021 年资源环境安全指标数据

年份	森林覆盖率 /%	有效灌溉系数 /%	人均耕地面积 / 亩	单位播种面积可用水量 /（吨·公顷⁻¹）
2010	11.3	51.00	3.07	2 397.89
2011	11.3	51.83	3.09	2 341.85
2012	11.3	52.32	3.12	2 309.91
2013	11.3	53.10	3.14	2 371.29
2014	11.3	53.72	3.15	2 329.97
2015	11.3	54.10	3.17	2 549.99

续表

年份	森林覆盖率 /%	有效灌溉系数 /%	人均耕地面积 / 亩	单位播种面积可用水量 /（吨·公顷 ⁻¹）
2016	11.3	54.80	3.18	2 524.94
2017	11.3	55.60	3.20	2 468.40
2018	11.3	56.00	3.21	2 363.82
2019	11.3	56.50	3.21	2 234.07
2020	11.3	57.03	3.12	2 128.80
2021	11.3	57.43	3.14	2 066.08

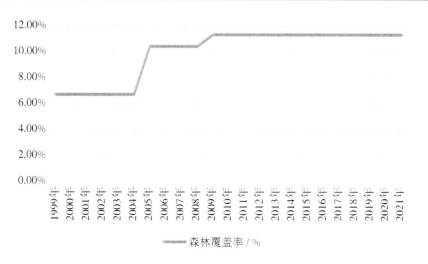

图 7.3　甘肃省森林覆盖率数据

第三节 甘肃省循环农业发展水平评价

一、甘肃省循环农业发展水平评价数据依据

甘肃省循环农业发展水平研究的基础数据来源于 2011—2022 年《甘肃发展年鉴》《甘肃农村年鉴》《中国环境统计年鉴》《中国农村统计年鉴》，以及甘肃省农业农村厅官网、农业农村部等网站，对于极少部分的缺失数据，依据指标的增长率进行估算。评价指标权重、分类指标各年分值及综合得分均使用 SPSSAU 在线数据分析平台进行数据处理得来。

二、甘肃省循环农业发展水平权重分析

利用熵权 Topsis 法对甘肃省 2010 年到 2021 年相关数据进行处理、分析得到甘肃省循环农业发展水平的分类指标权重如下：经济社会发展指标权重为 0.225 9，资源减量化指标权重为 0.290 9，资源循环利用指标权重为 0.327 5，资源环境安全指标权重为 0.155 7。其中资源循环利用指标权重最大，资源环境安全指标权重最小，这说明在甘肃省 2010—2021 年循环农业发展中资源环境安全要素贡献最小，资源循环利用要素贡献最大。在经济社会发展指标的 6 个三级指标中，人均农业 GDP 指标权重最大，为 0.053 7；农村居民人均可支配收入和农业产业结构调整幅度指数的权重分别为 0.041 7 和 0.042 8；粮食单产指标权重最小，只有 0.018 0。资源减量化指标的 6 个三级指标中，权重最大的为农用水强度指标，其权重为 0.098 2；其次是农药施用强度，权重为 0.059 0。对

于甘肃省这种缺水省份，农用水强度大，不是一个好的现象，人们应该设法发展节水农业，减少农业用水量。农药是农业污染的主要来源之一，要减少甘肃省农业污染，还应该从农药施用上下功夫。资源减量化指标中权重最小的是机械使用强度，其次是化肥施用强度，两者的权重分别为 0.023 1 和 0.027 0，虽然权重小，但仍然需要重视其对农业环境的污染。在资源循环利用指标的 5 个三级指标中，权重最大的是耕地复种指数指标，权重为 0.101 1；其次是流失土地治理率指标，权重为 0.086 7。这两者权重之和比其余 3 个三级指标权重之和还要大 0.05 左右，这说明甘肃省在流失土地治理和耕地复种这两方面做得比较好，其他如卫生厕所普及率以及农业土地产出率都需要再提高。在资源环境安全指标的 4 个三级指标中，森林覆盖率指标权重最小，有效灌溉系数指标权重最大。这说明甘肃省循环农业建设以及生态环境建设中森林覆盖率太低，已经成为影响甘肃省环境安全的重要的因素之一，要改变农业生态环境，森林覆盖率必须提高（见表 7.5）。

表 7.5　甘肃省循环农业发展水平评价结果

目标	分类指标	单项指标	属性	权重
循环农业发展水平	经济社会发展（0.225 9）	人均农业 GDP	正向	0.053 7
		农村居民人均可支配收入	正向	0.041 7
		粮食单产	正向	0.018 0
		第一产业固定资产投资增速	正向	0.032 2
		城镇化率	正向	0.037 5
		农业产业结构调整幅度指数	正向	0.042 8

续表

目标	分类指标	单项指标	属性	权重
循环农业发展水平	资源减量化 （0.290 9）	化肥施用强度	负向	0.027 0
		农药施用强度	负向	0.059 0
		农膜使用强度	负向	0.036 6
		机械使用强度	负向	0.023 1
		农用水强度	负向	0.098 2
		农用柴油使用强度	负向	0.047 0
	资源循环利用 （0.327 5）	农业土地产出率	正向	0.055 1
		流失土地治理率	正向	0.086 7
		耕地复种指数	正向	0.101 1
		卫生厕所普及率	正向	0.023 4
		农村人均沼气使用量	正向	0.061 2
	资源环境安全 （0.155 7）	森林覆盖率	正向	0.000 1
		有效灌溉系数	正向	0.093 1
		人均耕地面积	正向	0.043 8
		单位播种面积可用水量	正向	0.018 7

三、甘肃省循环农业发展水平分析

表 7.6 为 2010—2021 年甘肃省循环农业发展水平得分，根据综合得分，2016—2021 年排名从第 6 名提升至第 1 名，这说明甘肃省循环农业从 2016 年开始逐步进入正规化发展阶段；2010—2015 年甘肃省循环农业发展水平综合得分较低，并且没有呈现出递增规律，这说明循环农业发展水平忽高忽低。在 2010—2015 年，2011 年综合得分最高，2013 年综合得分最低，2015 年次低，这说明 2016 年以前甘肃省循环农业发展还没受到足够的重视。但是从 2016 年开始，随着甘肃省政府的重视和循环

农业发展的规范化以及群众接受程度的提高，循环农业发展规律基本形成，发展水平呈现逐年升高的趋势。

2010—2021 年，经济社会发展指标得分基本呈现递增趋势，从 2010 年的 0.030 8 上升到 2021 年的 0.161 8，上升了 0.131 0，年平均上升约 1.09%。资源减量化指标得分呈现先减少后增加的变化趋势，2010—2015 年逐年递减，从 2010 年的 0.216 1 逐年递减到 2015 年的 0.050 7；2016—2021 年又呈现上升趋势。所以甘肃省在循环农业发展过程中要注意这些减量化指标的控制。资源循环利用指标得分呈现先递增后波动再递增的趋势，2010—2012 年呈现短暂递增趋势，2012—2015 年呈现波动趋势，一年高一年低，2016 年开始逐年升高，这与甘肃省循环农业发展水平综合得分规律一致，符合甘肃省循环农业发展趋势。资源环境安全指标得分基本呈现逐年升高趋势，从 2010 年的 0.018 2 升高到 2021 年的 0.113 7，升高了 0.095 5，年均升高约 0.80%，升高比较缓慢。

表 7.6　2010—2021 年甘肃省循环农业发展水平得分

年份	经济社会发展指标得分	资源减量化指标得分	资源循环利用指标得分	资源环境安全指标得分	综合得分	排名
2010	0.030 8	0.216 1	0.091 0	0.018 2	0.356 1	10
2011	0.080 4	0.180 7	0.125 9	0.016 2	0.403 1	7
2012	0.080 4	0.159 2	0.131 4	0.027 2	0.398 2	8
2013	0.093 2	0.135 7	0.073 8	0.034 0	0.338 7	12
2014	0.122 6	0.110 7	0.085 2	0.043 0	0.361 4	9
2015	0.113 8	0.050 7	0.066 8	0.109 0	0.340 3	11
2016	0.120 6	0.162 1	0.080 9	0.118 3	0.481 9	6
2017	0.111 1	0.165 4	0.100 9	0.131 2	0.508 5	5
2018	0.149 3	0.183 7	0.126 4	0.133 6	0.593 0	4

续表

年份	经济社会发展指标得分	资源减量化指标得分	资源循环利用指标得分	资源环境安全指标得分	综合得分	排名
2019	0.144 1	0.198 5	0.162 4	0.141 3	0.646 2	3
2020	0.155 9	0.206 2	0.214 5	0.106 9	0.683 5	2
2021	0.161 8	0.213 1	0.264 9	0.113 7	0.753 6	1

第四节　甘肃省循环农业发展水平指标分析

甘肃省多变的地形地貌和气候形成了甘肃省比较独特的农业发展环境，农民根据当地条件发展了独特的农业产业，充分发挥了当地的农业生产相对优势，各地先后形成了多种循环农业发展模式。例如，庆阳市形成以种植业、养殖业和菌业为核心的"三元双向"循环农业模式，将种植业产生的秸秆转化为养殖业的饲料和菌业的袋料，将养殖业产生的粪料转化为种植业的肥料和菌业的袋料，菌业的袋料经过分解处理后又可以回到种养业做肥料和饲料，这形成了一个种养菌废弃物循环利用的农业发展模式，既能充分发挥全市农业资源的比较优势，又能有效解决农业生产废弃物造成的环境污染问题。通过一年的循环农业模式生产，2022 年，庆阳市第一产业产值达到 111.904 1 亿元，比上一年增加了 124.83 亿元；农村居民人均可支配收入达到 12 276 元。

一、经济社会发展指标分析

从 2021 年甘肃省 14 个市（州）的经济社会发展指标（图 7.4 和图 7.5）

来看，人均农业 GDP、农村居民人均可支配收入以及第一产业固定资产投资增速波动比较大，即 14 个市（州）有较大差异。从图 7.4 可以看出，人均农业 GDP 最高的是酒泉市，人均农业 GDP 为 72 171.85 元；最低的是临夏州，人均农业 GDP 为 9 098.70 元。酒泉市人均农业 GDP 约是临夏州的 7.93 倍，这充分体现了甘肃省地区农业发展差异较大。农村居民人均可支配收入最高的为嘉峪关市，人均可支配收入为 24 762 元；其次是酒泉市，人均可支配收入为 21 923 元；最低的为甘南州，人均可支配收入为 9 006 元，较低的还有陇南市和定西市，人均可支配收入分别为 9 314 元和 9 798 元，它们均与全国农村居民人均可支配收入的 18 931 元相差比较大。值得注意的是甘肃省 14 个市（州）中只有嘉峪关市和酒泉市的农村居民人均可支配收入高于全国平均水平，其余 12 个市（州）的农村居民人均可支配收入均低于全国平均水平，这说明甘肃省农业发展水平还比较低。

从图 7.5 可以看出，2021 年甘肃省 14 个市（州）的农业产业结构调整幅度指数普遍较低，较高的为嘉峪关市和兰州市，调整幅度指数分别为 33.89% 和 27.48%，其余 12 个市（州）都比较低，其中有 11 个市（州）的调整幅度指数低于 10%。第一产业固定资产投资增速最高的为庆阳市，最低的为兰州市，这说明兰州市 2020 年第一产业固定资产投资值较高，2021 年降低了。2021 年甘肃省 14 个市（州）的城镇化率差异较小，城镇化率较高的为兰州市、嘉峪关市和金昌市；较低的为定西市、陇南市和临夏州，其城镇化率均低于 40%。2021 年全国城镇化率为 64.72%，甘肃省 14 个市（州）中只有 4 个地区达到全国平均水平，其中兰州市为 83.56%，嘉峪关市为 94.42%，金昌市为 71.54%，酒泉市为 65.21%，剩余 10 个市（州）城镇化率均低于全国城镇化率，这说明甘肃省城镇化进程较慢，还需要加快城镇化进度。

图 7.4　2021 年甘肃省 14 个市（州）经济社会发展指标（一）

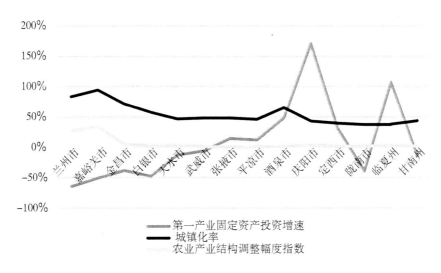

图 7.5　2021 年甘肃省 14 个市（州）经济社会发展指标（二）

二、资源减量化指标分析

从 2021 年甘肃省 14 个市（州）的资源减量化指标曲线（图 7.6）来看，各市（州）的农膜使用强度都高于机械使用强度，但差异不大，农膜使用强度较高的是酒泉市和武威市，农膜使用强度分别为 56.72 千克/

公顷和 55.37 千克 / 公顷；农膜使用强度最低的为陇南市，农膜使用强度为 14.47 千克 / 公顷。由于甘肃省缺少水资源，节水型农业技术发展水平不高，所以对于相对能够保持土壤水分的塑料薄膜使用量较大，陇南市气候环境较好，雨水相对来说丰富，所以塑料薄膜使用量较小。14 个市（州）机械使用强度差异不大，机械使用强度最高的是嘉峪关市，机械使用强度为 16.76 千瓦 / 公顷；最低的是天水市，机械使用强度为 3.56 千瓦 / 公顷。化肥的施用强度在这三个减量化指标中最高，且 14 个市（州）的差异较大，金昌市、武威市和临夏州是化肥施用强度最高的三个市（州），金昌市达到了每公顷 405 千克的化肥施用量；化肥施用强度最低的天水市化肥施用量为每公顷 105.32 千克，金昌市比天水市每公顷多施用约 300 千克的化肥。

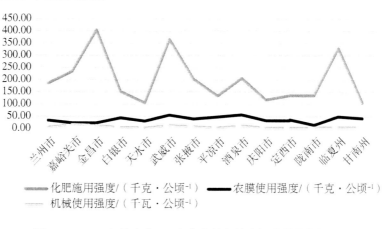

图 7.6 2021 年甘肃省 14 个市（州）的资源减量化指标曲线

三、资源循环利用指标分析

从 2021 年甘肃省 14 个市（州）的农业土地产出率直方图（图 7.7）可以看出，各市（州）的农业土地产出率差异较大，农业土地产出率最高的是陇南市，农业土地产出率为 10 748.75 元 / 亩；其次是嘉峪关市，农业土地产出率为 7 855.87 元 / 亩，两者相差 2 892.88 元 / 亩；农业土地产出率最低的是定西市，农业土地产出率为 1 425.06 元 / 亩，陇南市的农业土地产出率比定西市高 9 323.69 元 / 亩，地区差异比较大。

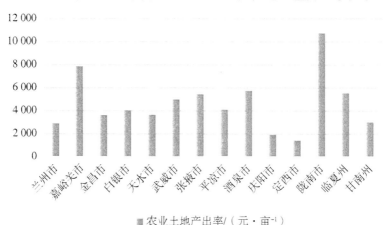

图 7.7　2021 年甘肃省 14 个市（州）农业土地产出率

　　从图 7.8 可以看出，2021 年甘肃省 14 个市（州）的耕地复种指数情况，其中耕地复种指数最高的为陇南市，耕地复种指数为 344.36%；耕地复种指数超过 100% 的市（州）有 3 个，分别是白银市（125.48%）、临夏州（110.58%）和天水市（106.6%）；其余 10 个市（州）的耕地复种指数都在 100% 以下，其中耕地复种指数较低的是甘南州和武威市，其耕地复种指数分别为 56.34% 和 56.7%。甘肃省各市（州）除了陇南市，其他市（州）的耕地复种指数都偏低。农村卫生厕所普及水平不均衡，农村卫生厕所普及率最高的是嘉峪关市，普及率在 96% 以上；张掖市、金昌市和兰州市农村卫生厕所普及率均在 86% 以上；其中也有农村卫生厕所普及率较低的地区，最低的为庆阳市，农村卫生厕所普及率只有 24.2%。农村卫生厕所普及率指标反映了农村生态治理状况，就单单从卫生厕所普及率这个指标来看，庆阳市的农村生态情况需要加快治理进程和加大治理力度。

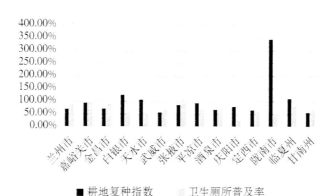

图7.8 2021年甘肃省14个市（州）耕地复种指数和卫生厕所普及率

四、资源环境安全指标分析

由于统计数据的可获取性，甘肃省14个市（州）的资源环境安全指标只选取了森林覆盖率、有效灌溉系数和人均耕地面积3个指标。从图7.9可以看出，2021年甘肃省14个市（州）的森林覆盖率普遍不高，森林覆盖率最高的是武威市，森林覆盖率为65%；其次是金昌市（61.5%）和酒泉市（60.5%）；森林覆盖率较低的是定西市和庆阳市，森林覆盖率分别为12.61%和26.3%，森林覆盖率地区差异较大。有效灌溉系数波动较大，有效灌溉系数较高的是酒泉市和金昌市，有效灌溉系数分别为99.02%和94.80%；有效灌溉系数在10%以下的市（州）有4个，分别是甘南州、天水市、平凉市和庆阳市。这说明4个市（州）有效灌溉农田面积在农业播种总面积中所占的比重很小，农业生态环境问题比较严重。人均耕地面积波动剧烈，说明各地区人均耕地面积差异较大，在甘肃省14个市（州）中，人均耕地面积最大的是定西市，人均耕地面积为4.95亩；人均耕地面积最小的是嘉峪关市，人均拥有0.378亩耕地；在甘肃省14个市（州）中，人均耕地面积在4亩以上的市（州）有6个，分别是定西市（4.95亩）、张掖市（4.75亩）、庆阳市（4.55亩）、武威市（4.45 亩）、酒泉市（4.37 亩）和金昌市（4.23 亩）。2021 年全国人均耕地面积是 1.36 亩，不足世界人均耕地面积的 40%，而甘肃省人均耕地面积在 1.36 亩以下的市（州）有 4 个，分别是嘉峪关市（0.378 亩）、陇南市（0.628 亩）、兰州市（0.891 亩）、临夏州（1.018 亩），这说明这几个地区耕地资源欠缺。

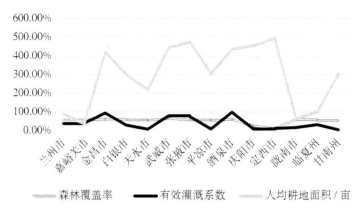

图 7.9 2021 年甘肃省 14 个市（州）森林覆盖率、有效灌溉系数及
人均耕地面积指标

第五节 甘肃省循环农业发展典型案例

一、双绿色循环农业公司——兰州正大有限公司

兰州正大有限公司 1991 年进驻甘肃省，企业位于兰州市皋兰县。经过 30 多年的发展，兰州正大有限公司已经在甘肃省各地均设立了分公司，公司从最早的饲料生产开始，逐渐发展成集饲料生产、养殖、食品

加工和连锁零售于一体的综合公司。兰州正大有限公司目前的运营方式为"饲料生产—养殖—食品加工—连锁便利店"的双绿色循环模式。首先是种养结合循环模式：兰州正大有限公司在农场附近流转大量土地进行粮食、果蔬种植，并建设养殖场进行鸡和猪的养殖，种出来的粮食经过公司饲料厂的加工，成为养鸡、养猪的饲料，鸡和猪的粪污又百分之百还田增肥。其次是绿色大循环模式：种养结合循环模式生产的有机蔬果、肉蛋进入兰州正大有限公司的食品加工厂进行加工，加工后的精品有机食品进入兰州正大有限公司的各级连锁便利店进行销售。

兰州正大有限公司起源于饲料生产，经过不断的技术更新和产业延伸，除了公司自身有了前所未有的发展，还带动了地区经济发展。兰州正大有限公司在兰州市、庆阳市、张掖市、嘉峪关市等地建设了现代化种猪场，采用多种方式发展标准化养殖，年出栏育肥猪 150 万头。兰州正大有限公司根据地区特点探索不同的循环农业模式，助力当地乡村振兴。兰州正大有限公司在庆阳市按照"公司＋农户"模式，引导农民发展标准化养殖，提出 3 种建设模式供农户选择，分别是"正大带建"、"公司帮建"和"能人领建"，农户可以自由选择建设模式，但是无论哪种模式，都应该按照兰州正大有限公司的标准进行建设。在生产过程中，兰州正大有限公司为农户提供猪苗、饲料、药品等全部的生产要素和系统技术指导服务，并按订单百分之百回收毛猪，农户不承担任何经营风险，通过养殖场租赁、土地流转、务工等途径获得稳定收益。

二、现代生态循环农业体系——兰州新区秦川园区

兰州新区秦川园区是兰州新区三大园区之一，成立于 2017 年 6 月，位于引大入秦工程东一干渠以北，北快速路与东绕城交界处东部北侧，总规划面积约 630 平方公里，现管辖 1 个镇、1 个中心社区、24 个行政村、1 个社区，人口约 10 万人，有耕地 11.6 万亩。秦川园区凸显产业集聚特色，共包含绿色化工产业、城市矿产与表面处理产业、新材料新能

源产业、现代农业与农副产品加工产业和通道物流产业。其中现代农业与农副产品加工产业成为园区的亮点，也是创建现代农业产业园，形成"种养加"一体化、"产供销"一条龙的现代循环农业发展路径。秦川园区引进大型养殖企业入驻并投产，园区规划的"万亩向日葵""万亩紫花苜蓿""万亩大田玉米""万亩高原夏菜"等种植基地基本成型。

秦川园区段家川生态循环养殖园区通过引进种植龙头企业和养殖龙头企业，目前已形成良性的循环农业生产体系。首先园区引进一批种植龙头企业和农民专业合作社种植苜蓿、青贮玉米等，这些苜蓿和青贮玉米是园区内养殖企业猪、羊的饲料，养殖的猪、羊的粪污又成为苜蓿和青贮玉米的有机肥料，从而形成良性循环生产体系。这种绿色生态循环种养模式，促进了粪污资源化利用，减少了农作物化肥、农药的施用，提高和改进了农作物品质。园区内的养殖企业采用节能、安全、环保的生产方式，以甘肃天兆猪业有限公司为例，该公司采用余式5.0猪舍（7层的楼房式猪舍），同时配备饲料中心、洗消中心等。猪粪污通过机械式刮粪机集中到环保中心，经过干湿分离后，干的做成有机肥料运用到园区内的农田里，这可以对粪污进行资源化利用，实现种养结合。余氏5.0猪舍的特点是无污水、无臭气、无蚊虫、省土地、省投资、省能源、省人工，通过整场布局阶梯式地增加生物安全的防护等级，使养猪更加安全、环保。通过现代生态循环农业体系建设，秦川园区取得了显著成果，2023年秦川园区农作物播种面积为23.07万亩，其中有粮食作物10.43万亩、油料作物2.79万亩、饲草6.16万亩、大田玫瑰1.00万亩、蔬菜1.51万亩、瓜果0.54万亩、中药材0.62万亩、其他作物0.02万亩。园区生猪饲养量为8.35万头，牛饲养量为0.18万头，羊饲养量为8.14万只，家禽饲养量为0.39万羽。

三、冬闲田不"闲"——徽县"稻田轮作"循环农业模式

2022年甘肃省陇南市徽县江洛镇石头坪村在镇领导的带领下以"党

支部 + 企业 + 农户"形式，探索"稻菌轮作"产业发展新模式。这种轮作循环农业模式是水稻和菌菇种植相结合的模式，在每年 10 月稻谷收割完成后，农民开始在闲置的稻田上搭建种植菌菇的大棚，开始羊肚菌种植，到了第二年 4 月开始采摘羊肚菌，等羊肚菌采摘完成以后，农民再撤掉菌菇种植大棚开始种植水稻。到 2023 年 5 月，徽县江洛镇石头坪村"稻菌轮作"基地已建成羊肚菌种植大棚 600 座，推动了羊肚菌规模化、规范化种植，羊肚菌亩产 450 千克，总产值将超过 1 200 万元。"稻菌轮作"的循环农业模式，将冬天闲置的稻田充分利用起来，不但提高了当地农民的种植收入，而且拓展了附近农民的就业渠道。甘肃省农业农村厅记者走访调查数据显示，2022 年江洛镇石头坪村的"稻菌轮作"基地带动周边 300 多名群众务工就业，他们每天收入在 200 元左右，这实现了群众在家门口就业的美好愿景，让群众的"冬闲地"变成了"增收田"。同时基地将继续延伸产业链条，建设菌种生产线、烘干车间、包装车间，打造集"种植、加工、销售"于一体的产业链，以实现产业集约化、规模化发展，辐射带动更多群众务工就业、增收致富。在羊肚菌产业发展良好的基础上，江洛镇准备进一步把"稻菌轮作"基地打造成辐射带动整个西北地区羊肚菌产业的母港。

四、"巧"借农田废弃物——庆阳市"三元双向"循环农业模式

2022 年以来庆阳市在市委领导下，主推"三元双向"循环农业模式，将该循环农业发展模式作为庆阳市现代农业发展的主力。"三元双向"循环农业模式是庆阳市绿色生态农业发展的主要模式。"三元双向"中的三元指的是种植业、养殖业和菌业，双向指的是种植业与菌业、养殖业与菌业之间的关系。种植业的废弃秸秆、养殖业的牲畜粪便可以作为菌业基料，用来发展菌业；菌业的废基料可以成为种植业的肥料，也可以成为养殖业的饲料，这样就形成了双向闭合循环模式。

庆阳市宁县焦村镇西李村是"三元双向"循环农业模式的发源地，

该地区有成熟的双孢菇标准化生产加工基地，到 2023 年年底该基地建成"爱尔兰产菇大棚"投产使用，通过引入较为先进的海外高科技设备，预计能处理废弃秸秆 70 万亩、14 万吨，以及鸡粪便 9 万吨。发展"三元双向"循环农业模式不仅有助于增加当地农民收入，还能够治理当地农村生态环境。在没有发展该农业模式前，该地区的农业废弃物堆放在田间地头，不仅影响农村人居环境，还会对生产用地造成污染；同样地，牲畜粪便暴露于空气，不加处理污染农村生态环境，发展的"三元双向"循环农业模式对农业废弃物和养殖业粪便都进行了及时、安全和科学的处理，农村生态环境受到了保护。"三元双向"循环农业模式有助于庆阳市从传统农业向现代农业转变，有助于增加农民收入，有助于加快庆阳市乡村振兴的步伐。庆阳市宁县焦村镇西李村的双孢菇标准化生产加工基地带动了周边地区发展，增加了当地农民收入，当地农民通过在基地打工每月可以有固定收入，同时可以通过参与发展菌业增加收入。基地建成后带动 24 个村集体经济分红发展，带动 800 户以上农户建棚养菇，每棚年收入在 16 万元左右；带动 3 000 人稳定就业，每人每年收入 3 万元以上；带动上下游企业，诸如秸秆回收中介、饲草加工、有机肥料加工、冷链运输、农旅融合等发展。

五、赋能产业振兴——静宁县种养一体循环农业模式

静宁县隶属于甘肃省平凉市，气候温和，四季分明。静宁县细巷镇韩川—谭店生态循环农业示范基地位于静宁县细巷镇韩川村和谭店村地界，距离静宁县城 16 千米。静宁县历史文化悠久，生态基础较好，谭店村 2020 年被评为平凉市创建的 9 个省级旅游示范村之一。当地群众生态环保意识强，现代循环农业建设群众基础较好，再加上资源禀赋优越，静宁县政府 2022 年开始在细巷镇韩川—谭店附近的葫芦河流域建设生态循环农业示范基地，充分发挥东西部协作资金的引导撬动作用，分两期在 X093 线韩川—谭店规划打造种养一体循环农业示范基地，共建成蔬

菜大棚 350 座，标准化牛棚 2 座，硬化产业道路 2.8 千米，配套高位蓄水池、灌溉管道、青贮池、沼气池等附属设施，推广"粪—沼—肥—菜"的粪肥还田模式。这种模式将牲畜粪污进行厌氧发酵，发酵过程中产生了沼气、沼渣和沼液，可以制成有机肥料或直接还田，使用沼肥种植蔬菜，不仅降低了生产成本，还保护了生态环境。

静宁县细巷镇韩川—谭店生态循环农业示范基地以市场为导向，以种植和养殖并重、规模与效益互促为原则，以"高效、生态、精品"为目标，分区科学种养，规划在 A、B、C 区建设 174 座大棚密植芹菜，在 D、E 区建设 176 座大棚种植恒椒等优势单品，整个循环农业示范基地蔬菜年生产能力达 780 吨，年产值约为 390 万元。除了在基地推广分区科学种养，还在基地推广"有机肥 + 水肥一体化"技术，在蔬菜大棚内铺设水肥一体管网，推行"粪—沼—肥—菜"的粪肥还田模式，实现种养体系的可循环发展、产业格局的链条式延伸和经济效益的多元化增收，不断推进蔬菜产业提质见效。

静宁县细巷镇韩川—谭店生态循环农业示范基地建设带动了当地经济发展，拓宽了当地农民增收渠道，增加了当地农民就业岗位。静宁县细巷镇韩川—谭店生态循环农业示范基地不仅每年可以提供稳定就业岗位 156 个，还可以提供季节性务工岗位和临时性务工岗位，农户通过在细巷镇韩川—谭店生态循环农业示范基地务工年均收入可以超过 4 500 元。通过参与种养一体循环农业的优秀农户的带动，韩川、谭店等村已经有 104 户农户发展了蔬菜产业，年收入超过了 2 万元，这促进了村集体收益 15 万元以上，实现了企业—村集体—农户"三方共利"、经济效益和社会效益融合提升。

六、擦亮寒旱农业生态底色——广河县绿色种养循环农业模式

广河县隶属于甘肃省临夏州，位于甘肃省中部西南地区，境内山大沟深，沟壑纵横，干旱少雨，水资源短缺，全县总耕地面积为 42 万亩，

其中旱作农业的面积达 36 万亩，是一个典型的旱作农业区，同时是典型的农牧县。由于自然条件所限，当地农业生产落后，人民生活困难，急切想通过自己努力摆脱这种困境。广河县政府根据中央文件精神从 2016 年开始进行粮改饲工程建设，将粮改饲种植面积从 2016 年的 5 000 亩增加到 2022 年的 20 万亩。同时广河县积极推广牛羊产业生态绿色发展，打造"粮改饲优质饲料—牛羊生态养殖—绿色牛羊肉加工—农业废弃物资源化利用"的绿色生态全产业链。

广河县在开展绿色种养循环农业的过程中探索的"肥料银行"模式，不仅提高了农田的肥力，还解决了养殖场污染问题，推动了种养产业绿色循环可持续发展。在"肥料银行"模式下农民可以按照市场行情，分别对粪污、牛羊、饲草等进行价值评估，可以进行等价的以粪换肥、以牛（羊）换肥、以草换肥、以现金购肥交易，这实现了生粪换熟肥、循环可持续发展。围绕畜禽粪污资源化利用，广河县在城关镇、祁家集镇、三甲集镇等 6 个乡镇建成 6 个日处理 4 吨型处理中心；在新庄坪易地搬迁养殖小区、齐家镇黄家坪养殖小区建成 2 个日处理 20 吨型处理中心，建立了县有有机肥厂、乡（镇）有处理中心、村有收集点的三级运行机制，实现了分散收集、集中处理。通过"肥料银行"模式，广河县 2022 年共利用畜禽粪污 120 吨，全县化肥施用量同比下降 20%，形成了传统堆肥还田利用 60%、处理中心生产半成品有机肥利用 30%、成品有机肥生产利用 10% 的利用模式，畜禽粪污综合利用率超过了 91%。

除了"肥料银行"，广河县在绿色种养循环农业生产过程中还推广了"堆肥还田"模式。有堆肥翻抛机的村庄对牛羊饲养过程中产生的粪肥定时进行集中发酵，将原来会随机堆放在田间地头、房前屋后的牛羊粪肥发酵为优质有机肥料。这些优质的有机肥料能使粮食增产、农民增收，因此广河县大力推广"堆肥还田"模式，截至 2022 年，广河县的 7 个乡（镇）61 个村建成种养循环示范区 9 万亩，采取腐熟"堆肥还田"模式，在示范区内利用基础设施对养殖的牛羊粪肥进行发酵、堆沤腐熟，实现了腐熟粪肥就近还田利用。广河县为了促进绿色种养循环农业发展，对提供牛羊粪肥沤肥、发酵的专业团队给予每亩 94 元的费用补助，同时建立 20 个监测点，开展了"有机＋无机"最佳配比等 4 项试验，取得了良好的效果。

第八章　甘肃省区域循环农业发展差异分析

第一节　区域循环农业发展背景与发展基础

一、循环农业发展背景

农业生产直接作用于生态环境。因此，农业是人类对自然资源和生态环境影响较直接的产业。在生态环境的保护中，作为第一产业的农业应首当其冲，改变现有生产方式，使人与自然能和谐共处。在农业生产方式中，循环农业是一种新型的农业生产方式，它以资源的减量化、再利用和再循环为基础，提高了农业生产效率，减少了农业生产对大自然的破坏。循环农业是循环经济的重要组成部分，是对国家政策的积极响应。2021年7月国家发展改革委印发《"十四五"循环经济发展规划》，该规划指出，大力发展循环经济，推进资源节约集约利用，构建资源循环型产业体系和废旧物资循环利用体系，对保障国家资源安全，推动实现碳达峰、碳中和，促进生态文明建设具有重大意义。到2025年，循环型生产方式全面推行，绿色设计和清洁生产普遍推广，资源综合利用能力显著提升，资源循环型产业体系基本建立。废旧物资回收网络更加完善，再生资源循环利用能力进一步提升，覆盖全社会的资源循环利用体系基本建成。资源利用效率大幅提高，再生资源对原生资源的替代比例进一步提高，循环经济对资源安全的支撑保障作用进一步凸显。

国外关于循环农业的研究在 20 世纪 40 年代已经开始，形成了大量关于有机农业的理论，诞生了大批关于农业的机构和研究协会，推动了有机农业的发展。50 年代至 70 年代生态农业概念诞生并迅速发展，许多国家的农场转向生态耕作。80 年代循环农业理论盛行，国外的循环农业主要通过农业园形式进行实践。国内学者关于循环农业的研究可以将 2006 年作为分界线，2006 年以前主要是对循环农业概念和内涵进行研究，2006 年开始关于循环农业的研究主要集中在发展模式、发展评价及标准体系几个方面。关于循环农业发展评价指标的研究，主要在指标的构建原则、指标赋权方法和研究区域三个方面。指标构建原则有 "3R" 原则（Reduce、Reuse 和 Recycle）、"4R" 原则（"3R" +Rethink）和 "5R" 原则（"4R" +Repair）等；指标赋权方法有灰色关联度法、主成分分析法、层次分析法 、模糊综合评价法、德尔菲法等；研究的区域有中国、省级或县级等。甘肃省地处我国西北地区，农业生产环境较差、生态脆弱，社会经济发展较为落后。已有多位学者对甘肃省循环农业发展进行了研究，但研究多是对甘肃省循环农业或某个市（州）循环农业发展模式的研究，鲜见关于甘肃省循环农业发展差异的研究，本书以《甘肃发展年鉴》和《甘肃农村年鉴》中 2015—2022 年的数据为基础，以甘肃省 14 个市（州）为研究对象，运用因子分析法研究甘肃省循环农业发展差异，对于整体推进和统筹甘肃省循环农业发展具有较强的理论和实践价值。

二、循环农业发展基础

甘肃省有土地 4 258.89 万公顷，辖 12 个市、2 个自治州、1 个新区和 1 个矿区。2022 年甘肃省农业生产总值为 2 680.74 亿元，农村居民人均可支配收入为 12 165 元，分别相当于全国水平的 1.37% 和 60.42%，与 2015 年相比，农业生产总值上升了 93.39%，农村居民人均可支配收入增加了 5 229 元，这是由于甘肃省农业经济发展速度低于国家农业经济的平均发展速度。2022 年甘肃省农村居民人均生产总值为 13 342.08 亿元，有 7 个市（州）低于这个值，其中农村居民人均生产总值最高的张掖市（49 321.23 元）比最低的陇南市（7 070.30 元）高出 42 250.93 亿元；进行农业生产使用的机械总动力均值为 167.42 万千瓦，有 6 个市（州）高于均值；全省农村用电量均值为 5.02 亿千瓦时，有 8 个市（州）高于均值；农用化肥施用量（折纯量）均值为 5.58 万吨，有 7 个市（州）高于均值；农业有效灌溉面积均值为 90.88 千公顷，只有 4 个市（州）高于均值。由此可见，甘肃省不但农业经济不发达，而且农业生产比较落后，区域农业发展不均衡，农业生产方式差异较大，下面对这些差异进行进一步的分析。

第二节　区域循环农业发展差异分析

一、循环农业发展差异影响因素

根据循环经济的特点，结合循环农业特征，依据循环经济的"3R"原则及基于指标获取的可行性和选择的合理性，参考前人的研究方法，本书从经济社会发展、资源减量投入、资源循环利用、资源环境安全 4 个方面，初选 14 个因子作为循环农业发展评价指标，进行相关性分析（见表 8.1）。指标数据来自《甘肃发展年鉴》和《甘肃农村年鉴》。

表 8.1　甘肃省循环农业发展评价指标

指标组	指标名称	指标代码
经济社会发展指标	单位面积农业生产总值（元 / 公顷）	A1
	农民人均纯收入（元）	A2
	人均粮食产量（吨）	A3
资源减量投入指标	化肥施用折纯量（吨）	B1
	农业柴油使用量（万吨）	B2
	农村用电总量（千瓦时）	B3
	农业机械总动力（千瓦）	B4
资源循环利用指标	沼气产量（万立方米）	C1
	水土流失治理面积（公顷）	C2
	复种指数	C3
资源环境安全指标	农作物播种面积（公顷）	D1
	有效灌溉面积（千公顷）	D2
	人均耕地面积（公顷）	D3
	森林覆盖率（％）	D4

二、循环农业发展差异分析方法

本书采用主成分分析法确定因子指标权重。在 IBM SPSS Statistics23 软件中，第一步，对原始数据进行标准化处理；第二步，对标准化处理后的数据进行 KMO（Kaiser-Meyer-Olkin）检验和巴特利特（Bartlett）球形检验；第三步，进行主成分分析，提取主成分，得到主成分矩阵、主成分对应的初始特征值和方差百分比，根据这些值计算出各指标的权重；第四步，采用平方欧氏距离 $d^2 = \sum_{i=1}^{n}(x_{ik} - x_{jk})^2$ 测度 14 个市（州）的样本距离，选用组间连接法对样本进行聚类分析。

第三节　区域循环农业发展差异分析结果

一、循环农业发展差异的因子分析结果

对标准化处理后的数据进行检验，结果显示 KMO 值为 0.789，大于 0.7，这表明变量可以进行因子分析；巴特利特球形检验中显著性值为 0.02，小于 0.05，这表明各变量间有相关性，因子分析有效，数据可用于因子分析和聚类分析（见表 8.2）。

表 8.2　KMO 检验和巴特利特球形检验

KMO 取样适切性量数		0.789
巴特利特球形检验	近似卡方	123.733
	自由度	55
	显著性	0.002

二、循环农业发展差异分析的指标权重

用主成分分析法计算出来的指标权重如表 8.3 所示。

表8.3　甘肃省循环农业发展差异分析的指标权重

指标组	指标代码	指标权重
经济社会发展指标	A1	0.131 1
	A2	0.319 6
	A3	0.549 3
资源减量投入指标	B1	0.195 6
	B2	0.292 1
	B3	0.231 1
	B4	0.281 2
资源循环利用指标	C1	0.570 1
	C2	0.174 5
	C3	0.255 4
资源环境安全指标	D1	0.158 2
	D2	0.423 5
	D3	0.273 7
	D4	0.144 6

三、循环农业发展差异的聚类分析

经过多种方法对比，将甘肃省 14 个市（州）归类为 3 组，结果见表 8.4，这可以较清楚地看出甘肃省循环农业区域发展的差异。

表 8.4　甘肃省 2022 年循环农业发展市（州）聚类分析结果

组别	成员	数量	农村人口数均值/万人	农村人口GDP总量均值/亿元	农业机械总动力均值/亿瓦	森林覆盖率/%	复种指数
第1组	白银市、定西市、庆阳市、陇南市、兰州市、临夏州	6	193.21	171.94	173.33	20.06	211.21
第2组	天水市、张掖市、酒泉市、武威市、平凉市	5	153.42	301.31	247.73	21.73	85.52
第3组	金昌市、甘南州、嘉峪关市	3	27.63	47.52	22.14	18.58	76.90

第四节　区域循环农业发展差异分析结论与策略

一、区域循环农业发展差异分析结论

从表 8.3 指标的权重来看，在甘肃省各市（州）农村经济社会发展中，人均粮食产量的贡献率最大，比重超过 50%，这说明目前甘肃省农业产值依然主要依靠粮食产量。从资源减量投入来看，农业柴油使用量和农业机械总动力比重较大，循环农业发展要从这两个方面入手，提高农业柴油的利用效率和农业机械动力工作效率。从资源循环利用来看，目前农业发展中沼气产业发展较好。从资源环境安全来看，有效灌溉面积比重最大，这说明农业用水充足是甘肃省循环农业发展的资源环境安全保障，所以对于缺水的甘肃省来说，循环农业发展要提高农业用水的效率。

利用农村人口数均值（万人）、农村人口 GDP 总量均值（亿元）、农业机械总动力均值（亿瓦）、森林覆盖率均值（%）和复种指数均值五个指标对甘肃省 14 个市（州）的循环农业发展水平进行聚类分析。采用系统聚类法将甘肃省 14 个市（州）的循环农业发展水平分为 3 组，如表 8.4 所示，第 1 组共有 6 个市（州），分别是白银市、定西市、庆阳市、陇南市、兰州市、临夏州；第 2 组共有 5 个市（州），分别是天水市、张掖市、酒泉市、武威市、平凉市；第 3 组共有 3 个市（州），分别是金昌市、甘南州、嘉峪关市。从森林覆盖率均值和复种指数均值来看，第 1 组的 6 个市（州）发展循环农业的基础条件较好，其次是第 2 组的 5 个市（州），第 3 组的 3 个市（州）相对其他两组市（州）来说发展循环农业的基础条件弱一些。

表 8.5 是甘肃省各市（州）的有关经济指标值。结合表 8.4 和表 8.5 可以看出，2022 年甘肃省各市（州）循环农业发展不平衡。从指标值可以看出：（1）农村居民人均可支配收入最高的市（州）比最低的市（州）高出 16 612 元；（2）农村经济发展较好的市（州）的资源减量投入指标均值、资源循环利用指标均值和资源安全指标均值都比较小，反而是农村经济发展较落后的市（州）的这些指标的均值比较大；（3）甘肃省循环农业有了一定的发展，农业生产总值不再主要依靠农药、化肥和机械动力的大量投入，但是农业生产总值高的市（州）的资源循环利用指标和资源环境安全指标的均值较小，这说明农业生产不是依靠这些资源的投入来发展的，循环农业发展水平不高。

表 8.5　甘肃省 2022 年各市（州）的有关经济指标值

城市	农村居民人均可支配收入/元	农业 GDP 总量/亿元	农业机械总动力/亿瓦	化肥施用量/吨	森林覆盖率/%	复种指数	有效灌溉面积/千公顷
兰州市	17 178	116.044 9	119.71	35 165	8.53	74.39	73.73
嘉峪关市	26 284	10.456 1	13.67	1 979	12.57	96.23	3.06
金昌市	19 647	69.810 4	8.97	19 496	18.60	73.52	86.11
白银市	12 733	200.577 4	209.09	46 908	13.79	128.87	126.93
天水市	10 716	255.388 5	169.12	68 484	36.84	106.55	38.78
武威市	15 899	374.333 2	358.50	86 258	19.01	61.90	217.19
张掖市	18 854	316.980 7	299.87	82 857	24.96	88.60	242.95
平凉市	11 566	263.144 1	150.16	91 699	22.30	95.02	33.79
酒泉市	23 414	296.698 8	259.92	64 348	5.55	70.51	213.24
庆阳市	12 276	209.897 5	204.19	78 503	26.30	420.07	51.75
定西市	10 425	195.596 1	225.38	87 141	12.19	67.85	67.33
陇南市	10 013	174.226 7	176.66	54 434	45.27	78.18	60.33
临夏州	9 672	135.292 8	104.92	19 822	14.27	497.90	52.90
甘南州	10 883	6.229 7	43.77	—	24.57	60.95	4.29

二、区域循环农业发展策略

首先，各地应该因地制宜地选择循环农业的发展模式。将循环农业与地方特色相结合，根据各地情况选择合适的循环农业发展模式，不仅能更有效地保护当地农业生态环境，还能根据地区农业发展形势，扬长避短，有效发展地区特色农业，实现循环农业经济的快速、有效发展。甘肃省各市（州）农业发展水平不均衡，农业资源差异较大，因此各市（州）循环农业应与地方特色相结合，因地制宜地发展。例如，庆阳市、天水市、平凉市以种植苹果为主，可以选择"果—养殖—沼气—有机肥料—果"的循环农业发展模式等。

其次，各地应该加快农业生产科学技术的研发和推广。循环农业的发展离不开科学技术的发展，农业种植中废弃物的循环利用、农业生产中污水的处理、农业种植中再生资源的开发利用、水资源的保护等都离不开农业科学技术的发展，各地要利用科学技术的力量，提高单位农业生产总值，减少废弃物排放和降低生态破坏率。从前面的数据分析可以看出，甘肃省循环农业发展水平较低，农业生产依然对化肥、农药的依赖较大，农业机械投入较大，这需要政府大力推进农业生产技术的提高和推广，降低农业生产对高碳、高污染的技术的应用。

最后，各地应该加大政府对循环农业的扶持力度。与传统农业相比，循环农业需要更多的资金投入，仅靠农户自己投入资金，显然力度不够，还需要政府投入大量的资金；政府的政策也应该向循环农业倾斜，对循环农业的扶持政策的重心应该由硬件投入向软件投入转变；政府应加大政策支持和宣传力度，健全并细化相关的法律法规体系，以增强全民的循环经济理念与意识，实现农业生产循环发展，农村生态环境良性发展。

第九章　低碳农业对农村经济影响的实证研究

　　生态农业是一种基于生态学原理的农业模式，它强调在农业生产过程中保持生态平衡和生态多样性，以实现农业的可持续发展。生态农业的核心理念是"整体性、协调性、循环性"，它旨在通过采用先进的农业技术和管理模式，建立稳定的农业生态系统，提高农业的生态效益和经济效益。

　　循环农业是一种以资源循环利用为核心的农业模式，它强调在农业生产过程中实现资源的循环利用和废弃物的减量化、资源化、无害化。循环农业的核心理念是"减量化、再利用、再循环"，它旨在通过采用先进的农业技术和管理模式，实现农业资源的最大化利用和废弃物的最小化排放，提高农业的经济效益和环境效益。

　　低碳农业是一种基于可持续发展体系的农业模式，它强调在农业生产过程中降低碳排放、提高碳吸收，以实现农业的低碳、高效、可持续发展。低碳农业的核心理念是"低能耗、低排放、低污染"，它旨在通过采用先进的农业生产技术和管理模式，优化农业生态系统，提高农业资源的利用效率，减少农业对环境的影响。

　　从生态农业、循环农业和低碳农业的定义可以看出这三者之间的关系。循环农业是生态农业的一种实现形式，两者都强调资源的循环利用，只是生态农业更强调整体性和协调性，循环农业更强调减量化和再利用，两者之间像整体和局部的关系。发展循环农业和生态农业可以实现农业的可持续发展，这个可持续发展正是低碳农业所追求的目标，低碳农业通过先进的农业技术减少农业生产过程中污染物的排放，是一种低能耗、低污染和低排放的农业，从而减少了对农业生态的破坏，实现了农业的可持续发展，所以说生态农业和循环农业是低碳农业的实现形式。反过来，低碳农业也促进了生态农业和循环农业的发展。

循环农业和低碳农业相互促进、相互补充。首先，低碳农业通过优化农业生产结构、提高资源利用效率、减少环境污染等方式，为循环农业提供了更好的发展基础；而循环农业则通过资源循环利用、废弃物减量化及无害化处理等方式，为低碳农业提供了更好的发展条件。其次，低碳农业侧重于降低碳排放、提高碳吸收，以实现低碳目标；而循环农业则侧重于资源的循环利用和废弃物的减量化、资源化、无害化处理，以实现资源高效利用和环境优化。循环农业和低碳农业相互补充，可以更好地实现农业的可持续发展。

综上所述，低碳农业和循环农业都是未来农业发展的重要方向，它们之间存在密切的关系。在未来的发展中，人们应该将两种模式结合起来，充分发挥各自的优势，共同推动农业的可持续发展。

第一节 碳排放问题和甘肃省低碳农业发展现状

一、人类碳排放对环境的影响

2016 年美国环保局公布的气候变化指标显示：由人类活动造成的温室气体排放量不断攀升，2010 年温室气体排放量为 460 亿吨，比 1990 年提高了 35%。从 18 世纪到 2022 年，大气中二氧化碳的含量从 280 ppm 增长到 417.9 ppm，增长了 49.25%，并且其他温室气体排放量也在持续提升，不断上升的温室气体排放量导致大气温度不断上升。联合国世界气象组织发布的《2022 年全球温室气体公报》显示，2022 年全球大气主要温室气体浓度继续突破有仪器观测以来的历史纪录。中国气象局科技与气候变化司副司长张兴赢在中国气象局新闻发布会上表示，2022 年，全球二氧化碳浓度比工业化前平均水平高出 50%，首次超过 50%。从 1901 年开始，全球温度平均每 10 年就增长 0.15 华氏度。世界气象组织 2024 年 1 月 12 日发布新闻公报，正式确认 2023 年为有记录以来最热的一年，称 2023 年全球平均气温升幅极大。由于气候变暖，极端天气和灾难性气候频繁出现，生态环境受到严重破坏，人类生存受到威胁，因此发展低碳经济成为人类应对气候变暖的重要途径。低碳农业是低碳经济的重要组成部分，农业生产中的碳排放大致占全球温室气体排放总量的 14.9%，农业是温室气体的第二重要来源。而我国是一个农业大国，农业碳排放不容忽视。由此可见，低碳农业对发展低碳经济至关重要，在减少温室气体排放上起重要作用，低碳农业对农村经济社会发展也起重要作用。

二、低碳农业研究基础

正是由于上面的原因，世界各国政府对低碳农业的发展非常关注。1999 年和 2005 年，意大利先后进行绿色认证和白色认证。2004 年和 2005 年，日本先后启动"面向 2050 年的日本低碳社会情景"研究计划和发布《环境调和型农业生产活动规范》政府文件；2008 年日本正式实施碳排放权交易制度。2007 年美国发布《低碳经济法案》和《农业林业低碳经济应用》用于扶持低碳农业的发展。2009 年英国发布《低碳转型发展规划》白皮书，提出到 2020 年农业和废弃物方面的温室气体排放量比 2008 年降 6% 的目标。中国历届政府对低碳农业发展非常重视，2017 年中共中央办公厅、国务院办公厅印发了《关于创新体制机制推进农业绿色发展的意见》，并颁布了通知，要求各地区各部门结合实际认真贯彻落实。2021 年《"十四五"全国农业绿色发展规划》发布，为进一步推进我国农业绿色发展，加快农业全面绿色转型，持续改善农村生态环境提出规划。

因受到传统农业的影响，所以国内低碳农业发展缓慢。相比于国外对低碳农业发展的研究，国内的相关研究起步较晚，国内关于低碳农业发展的研究情况如下。早期研究主要集中在理论方面，从低碳农业发展的内涵、对策、必要性和制约性因素等方面进行研究，如张宪英的《我国低碳农业解读及其发展路径初探》和赵其国、黄国勤、钱海燕的《低碳农业》从内涵方面进行研究，魏仕腾、余贞备的《试论我国发展低碳农业的紧迫性及对策思路》、何蒲明的《我国发展低碳农业的必要性、前景和对策分析》和黄钦海、李沙娜的《我国发展低碳农业的障碍与对策分析》等从必要性和制约因素方面进行研究。近期研究主要集中在定量研究方面，从低碳农业发展的现状、低碳农业经济指标体系的构建、低碳农业发展水平综合评价等方面进行研究，如李盈、王宝海的《黄河三角洲地区低碳农业发展模式研究》和胡滨的《经济新常态下的低碳农业发展模式探讨》等从发展模式方面进行研究，谢淑娟、匡耀求等的《低碳农业评价指标体系的构建及对广东的评价》和朱玲、周科的《低碳农业经济指标体系构建及对江苏省的评价》等从指标体系方面进行研究，陈瑾瑜、张文秀的《低碳农业发展综合评价——以四川省为例》和孙英、张小平的《甘肃省农业低碳化发展水平综合评价》等从综合评价方面进行研究，张欣、魏善青、王智慧的《双碳目标视域下黑龙江省低碳农业发展探究》从低碳农业发展的优势和问题方面进行分析，朱松平、叶婉琼的《福建农业低碳发展的动态演进及区域空间差异》从农业生态效率方面进行估算。本书试图采用低碳农业经济指标从实证的角度研究低碳农业对农村经济社会发展的影响。

三、甘肃省低碳农业发展现状

农业包括碳源和碳汇两个部分。农业的碳源部分主要是指会向大气释放二氧化碳等温室气体的农用物资，如化肥、农药、塑料膜等。农业的碳汇部分主要是指会吸收大气中二氧化碳等温室气体的农业资源，如农作物、草地、果园和林地等绿色资源。因此，低碳农业就是要通过加快农业的碳汇部分的发展和减少农业的碳源部分的投入，在增加农民收入的同时，减少大气中的二氧化碳等温室气体的含量，实现农业源温室气体净排放不断减少的目标。

从碳源部分的投入来看，甘肃省的农业化肥施用量从 2000 年的 64.50 万吨增长到 2022 年的 77.13 万吨，增长了 12.63 万吨，增长率约为 19.6%，呈较快上升趋势；农膜使用量由 2000 年的 4.59 万吨增长到 2022 年的 18.81 万吨，增长了 14.22 万吨，增长率约为 309.8%；农业机械总动力由 2000 年的 1 057.00 万千瓦增长到 2022 年的 2 516.66 万千瓦，增长率约为 138.1%，增势明显。从以上数据来看，甘肃省农业各种要素投入量均呈现较快上升趋势，温室气体的排放量也随之增加，碳源能力不断增强,这并不利于低碳农业的发展。

从碳汇资源来看,甘肃省土地总面积为 4 258.89 万公顷,其中 2022年耕地面积为 462.47 万公顷,2015 年耕地面积为 520.53 万公顷,耕地面积增长了 58.06 万公顷,增长率约为 12.6%;2008 年林地面积为 34.55万公顷,2022 年林地面积为 53.79 万公顷,增长了 19.24 万公顷,增长率约为 55.7%;2008 年草地面积为 1 410.84 万公顷,2022 年草地面积为658.69 万公顷,下降了 752.15 万公顷,下降率约为 53.3%;2008 年园地面积为 20.54 万公顷,2022 年园地面积为 42.61 万公顷,增长了 22.07 万公顷,增长率约为 107.4%。从上面的数据可以看出,甘肃省农业资源逐年增长,但增长数量不大,这与甘肃省自身的自然资源贫瘠有关系。同时,甘肃省有河流湿地、湖泊湿地、沼泽湿地和人工湿地等多种类型的湿地 169.39 万公顷,湿地面积占全省面积的 3.98%。截至 2021 年,甘肃省有国际重要湿地 4 处、湿地类型国家级自然保护区 5 处、国家湿地公园 12 处、省级湿地公园 1 处、国家级自然保护区 21 个,其中国家级自然保护区面积是 671.7 万公顷。

第二节　农业碳排放对农村经济影响的模型选择和因素选取

一、农业碳排放对农村经济影响的模型选择

为说明我国及甘肃省低碳农业发展的现状,并进一步分析、检验各影响因素对农业经济社会可持续发展影响的大小,本书采用 2021—2022年《中国农村统计年鉴》提供的农村资源的相关数据,应用 C-D 生产函

数的双对数线性模型进行回归分析。

模型回归形式如下：

$$\ln Y_{it} = \beta_0 + \beta_i \ln X_{it} + \mu_{it} \qquad (9.1)$$

其中，Y_{it} 代表各省（区、市）各年的农业发展水平，X_{it} 对应于各种影响因素，随机误差项 μ_{it} 反映模型中被忽略的随个体成员和时间变化的因素的影响，β_0 为截距项，β_i 为待估参数。

二、农业碳排放对农村经济影响的因素选取

依据低碳农业的内涵，结合农业经济的发展特征，并多方参照低碳农业经济评价指标体系、低碳农业发展水平综合评价体系及低碳农业发展现状实证分析的已有研究成果，选取农业生产总值（万元）、农村居民人均纯收入（元）作为表征农业发展水平的综合指标（被解释变量），选取农业机械总动力（万千瓦）、农用化肥施用量（万吨）（按折纯法计算）、农用柴油使用量（万吨）、农药施用量（吨）、农膜使用量（吨）、农作物种植面积（千公顷）、园地面积（千公顷）、林地面积（千公顷）、沼气池产气总量（万立方米）、太阳能热水器使用总量（万平方米）、太阳房使用总量（万平方米）、太阳灶使用总量（万平方米）、生活污水净化总量（万立方米）分别代表影响农业发展水平的"高碳"和"低碳"因素指标（解释变量）。

第三节　农业碳排放对农村经济的影响分析

从数据的可收集性、易于操作性及避免相关性的角度出发，本书对解释变量做了如下变换处理：将农用化肥施用量、农用柴油使用量、农

药施用量和农膜使用量进行单位换算并加总平均作为农用物资使用量，与农业机械总动力一起作为衡量"高碳"农业的两个指标变量；将农作物种植面积、园地面积和林地面积进行加总平均，与沼气池产气总量、太阳能热水器使用总量和太阳房使用总量的平均值一起作为衡量"低碳"农业的三个指标变量。

　　最终本书将农村居民人均纯收入（Y）作为被解释变量，代表农村经济发展水平；将农业机械总动力（X_1），农用化肥施用量、农用柴油使用量、农药施用量和农膜使用量的平均值（X_2），农作物种植面积、园地面积和林地面积的平均值（X_3），太阳能热水器使用总量和太阳房使用总量的平均值（X_4）作为解释变量（见表9.1）。所有数据均来自《中国农村统计年鉴》。选取模型如下：

$$\ln Y_{it} = \beta_0 + \sum_{i=1}^{4} \beta_i \ln X_{it} + \sum_{i=1}^{4} \mu_{it} \quad (t=1,2) \qquad (9.2)$$

表9.1　被解释变量和解释变量的基本统计数据

变量	均值	标准差	最大值	最小值	观测值
$\ln Y$	9.85	0.283	10.56	9.344	62
$\ln X_1$	7.66	1.189	9.30	4.630	62
$\ln X_2$	4.98	1.279	6.61	2.110	62
$\ln X_3$	8.84	1.291	11.40	5.820	62
$\ln X_4$	5.09	1.735	7.03	−1.610	62

一、农业碳排放对农村经济影响的模型结果

　　对于模型（9.2）是应该采取固定效应模型还是随机效应模型，本书采用豪斯曼（Hausman）检验进行对比，结果如表9.2所示，P 值非常小，拒绝原假设，所以应该建立固定效应模型。

表 9.2　数据的豪斯曼检验

Test Summary	Chi-Sq.Statistic	Chi-Sq.d.f.	Prob.
Cross-Section	70.014 4	6	0.000 0

　　由于本书使用的是面板数据，有可能存在序列相关和异方差问题，因此对于书中采用的数据进行序列相关和异方差检验（检验结果见表 9.3 和表 9.4）。结果显示，在 1% 的显著性水平下，面板数据存在序列相关性和异方差性。

表 9.3　面板数据的自相关

Woold ridge test for autocorrelation in panel data
H 0:no first order autocorrelation
$F(1, 30)= 15.321$
Prob > F = 0.001 0

表 9.4　面板数据的差异性分析

Modified Wald test for group wise heteroskedasticity
In fixed effect regression model

H0:sigma(i) 2= sigma 2 for all i
chi2(31)= 10 810.82
Prob >chi2= 0.000 0

　　由于各省（区、市）数据的异方差性和序列相关性，本书选择了在计算时可以控制横截面异方差性和时间序列相关性影响的广义最小二乘法进行回归，估计结果如表 9.5 所示。

表9.5　各因素对农村经济发展水平的影响

变量	影响系数	标准差	T统计量	P值
$\ln X_1$	1.192 0	0.246 9	4.829	0.000 1
$\ln X_2$	−0.734 0	0.320 0	−2.294	0.030 0
$\ln X_3$	0.057 0	0.018 6	3.084	0.004 8
$\ln X_4$	0.111 5	0.064 0	1.732	0.095 1

$R^2=0.995\ 97$　　　　　　　　　　　　　　　　　　　调整

$R^2=0.990\ 56$
F统计量（P值）=183.816 9（0.000 0）　　　　　样本数 62

从回归结果表9.5可以看出，修正的可决系数为0.990 56，这说明模型拟合得非常好，变量选择合适，模型设定形式合理。实证结果显示，农业机械总动力，农作物种植面积、园地面积和林地面积的平均值，太阳能热水器使用总量和太阳房使用总量的平均值对农村居民人均纯收入有正的影响，且影响都是显著的。农用化肥施用量、农用柴油使用量、农药施用量和农膜使用量的平均值对农村居民人均纯收入有负的影响，且影响显著，这说明现在农业生产中，化肥、农药等农用物资投入过量，已经影响了农村居民收入的增加。

二、农业碳排放因素对农村居民纯收入的影响

根据《中国农村统计年鉴》数据，计算出农业碳排放各因素的平均增长率，如表9.6所示。

表9.6　农业碳排放各因素的平均增长率

因素	平均增长率 / %
农业生产总值	17.2
农业机械总动力	5.5
农用化肥施用量、农用柴油使用量、农药施用量和农膜使用量平均值	13.8
农作物种植面积、园地面积和林地面积平均值	9.6
太阳能热水器使用总量和太阳房使用总量平均值	34.0

借鉴罗芳、夏庆利在《甄别湖北省低碳农业发展现状的实证分析》中的研究方法[①]，有

$$R_i = \frac{a_i m_i}{y} \times 100\%$$

其中，R_i 为第 i 种因素对农村居民人均纯收入的影响率，a_i 为各因素对农村经济发展水平的影响系数（表9.5），m_i 为各因素的年平均增长率，y 为农村居民人均纯收入的增长率。计算出如下各因素对农村居民人均纯收入的影响率：

$$R_1 = \frac{a_1 m_1}{y} \times 100\% = \frac{1.192\,0 \times 5.5\%}{17.2\%} \times 100\% \approx 38.12\%$$

$$R_2 = \frac{a_2 m_2}{y} \times 100\% = \frac{-0.734\,0 \times 13.8\%}{17.2\%} \times 100\% \approx -58.89\%$$

$$R_3 = \frac{a_3 m_3}{y} \times 100\% = \frac{0.057\,0 \times 9.6\%}{17.2\%} \times 100\% \approx 31.81\%$$

$$R_4 = \frac{a_4 m_4}{y} \times 100\% = \frac{0.111\,5 \times 34.0\%}{17.2\%} \times 100\% \approx 22.04\%$$

由上面的数据可知，农用化肥施用量、农用柴油使用量、农药施用量和农膜使用量的平均值对农村居民人均纯收入的影响最大，其影响率约为 -58.89%，这种影响是负影响，在这些方面投资越多农村居民纯收

---

① 罗芳，夏庆利.甄别湖北省低碳农业发展现状的实证分析 [J].湖北农业科学，2013，52（6）：1463.

入越低，说明在目前的农业生产中，化肥等农用物资投入过多。太阳能热水器使用总量和太阳房使用总量平均值对农村居民纯收入的影响率约为22.04%，这种影响是正影响，说明这部分因素使用量越多越有利于农村居民收入的提高。接下来影响比较大的因素为农业机械总动力，及农作物种植面积、园地面积和林地面积平均值，其影响率分别约是38.12%和31.81%。农业机械总动力大大提高了农业生产效率，其对农村居民纯收入的影响是正影响。

用同样的方法可以计算出各因素对甘肃省农村居民人均纯收入的影响率：$R_1 \approx 71.8\%$，$R_2 \approx 10\ 629.0\%$，$R_3 \approx 75.4\%$，$R_4 \approx -11.0\%$。与全国的数据相比较，甘肃省的农用化肥施用量、农用柴油使用量、农药施用量和农膜使用量平均值对农村居民人均纯收入的影响非常大，这说明甘肃省农业还处于高投入、高污染阶段。太阳能热水器使用总量和太阳房使用总量平均值对甘肃省农村居民人均纯收入影响为负的，这说明甘肃省低碳农业发展水平比较低，与全国平均水平相比较差。

第四节　农业碳排放对农村经济影响的分析结论及减少农业碳排放的策略

一、农业碳排放对农村经济影响的分析结论

采用《中国农村统计年鉴》中的相关数据，实证研究低碳农业对农业经济社会发展的影响，发现如下两个方面的问题。

首先，从低碳农业对农业经济社会发展的影响来看，农业机械年末拥有量，农村年用电量和耕地面积、园地面积、自然保护区面积和林地

面积的平均值，以及太阳能热水器使用总量与太阳房使用总量的平均值对农业经济社会的发展都有正的显著影响。按照影响程度来排序，依次是农业机械年末拥有量、农村年用电量、太阳能热水器使用总量与太阳房使用总量的平均值、耕地面积、园地面积、自然保护区面积和林地面积的平均值。其中农业机械年末拥有量和农村年用电量都不属于低碳农业变量，但它们对农村经济的发展确实至关重要，所以发展低碳农业的关键还在于如何高效、环保地利用这两个因素。太阳能热水器使用总量和太阳房使用总量的平均值、耕地面积、园地面积、自然保护区面积和林地面积的平均值均属于低碳农业变量，它们对农业经济社会发展有正的显著影响，但是影响程度还不够大，这两部分对农业经济社会发展的影响应该进一步加强。农用化肥施用量、农用柴油使用量、农药施用量和农膜使用量的平均值对农村居民人均纯收入有负的显著影响，这说明现在农业生产者过分依赖这些化学资源，对农业经济社会发展反而不利。

其次，从 2010 年到 2021 年甘肃省的化肥施用量下降了 8.13 万吨，下降率约为 9.35%；农药施用量减少了 1.65 万吨，减少率约为 36.93%；农膜使用量增长了 9.47 万吨，增长率为 47.92%。与这些高消耗、高污染的投入资源相反，甘肃省农业生产总值一直处于全国较低水平，农村居民人均可支配收入在 2022 年是全国倒数第一。2022 年甘肃省的农业机械年末拥有量排在全国第 20 位，农村年用电量排在全国第 25 位，农用化肥施用量、农用柴油使用量、农药施用量和农膜使用量的平均值排在全国第 19 位，耕地面积、园地面积、自然保护区面积和林地面积的平均值排在全国第 16 位，太阳能热水器使用总量和太阳房使用总量的平均值排在全国第 9 位。由此可见，甘肃省促进农业经济发展的因素指标值在全国处于低下水平，促进低碳农业发展的若干因素排名在中等水平，但它们对促进甘肃省农业经济发展的影响力不够，每增长 1%，对甘肃省农业经济的贡献率依次是 0.256%、0.058% 和 0.045%，这些贡献率明显低于全国平均水平。因此，这些方面的投入必须增加，同时它们对甘肃省农业经济社会发展的贡献率要提高，即增大耕地面积、园地面积、自然保护区面积和林地面积，增加太阳能热水器使用总量和太阳房使用总量。只有这样才能发挥甘肃省低碳农业的后发优势，改变甘肃省农业经济落后的现状。

二、减少农业碳排放的策略

结合甘肃省的实际情况，应采取如下策略减少农业碳排放。

首先，减少化肥、农药、农膜等生产要素的投入，走低能耗农业发展模式。2021 年甘肃省的化肥、柴油、农药和农膜的投入量在全国排在第 19 位，但农村居民纯收入排在全国最后一位，投入和产出显然不符。一方面是由于甘肃省农业先天条件不足，另一方面是由于高能耗的传统农业发展模式不适合甘肃省，甘肃省需要低能耗高产出的农业发展模式。因此，在甘肃省农业发展中，可以用有机肥料、生物制药替代化肥和农药；可以对薪材加工、秸秆、稻壳等木材废弃物加工再利用；可以对动物粪便和生活污水处理再利用；可以开发生物质能源产生燃气和电来替代其他能源；可以利用沼气工程将农业废弃物和家禽及家畜粪污加工利用产生沼气来取代煤炭等能源，以提高沼气产量。通过对前面数据的分析可知，太阳能热水器使用总量和太阳房使用总量对农业经济发展的影响，尤其是对农村居民纯收入的影响，比其他因素更大，所以在甘肃省农业经济的发展过程中，要充分利用充足的日照资源，大力发展太阳能等新型能源。

其次，加大耕地、园地、自然保护区和林地等能够种植吸收二氧化碳的绿色资源的面积。2022 年甘肃省这些资源在全国排在第 16 位，属于中等水平，这说明甘肃省具有良好的发展低碳农业的潜力，需要重点开发、因地制宜，强化各类农业土地的功能。由于甘肃省耕地资源较匮乏，所以可以根据不同的土地类型进行耕地开发，在水土条件较好的陇南山地、沿黄地区、陇东高原，积极开展河滩地治理、水浇地开发、废旧宅基地复垦整理，以增加耕地，缓解人地矛盾，推进村庄整治，提高土地利用率，改善农民生产条件，促进新农村建设，使土地整理复垦开发取得较好的经济效益、社会效益和生态效益。除此之外，甘肃省积极开展坡地改梯田工程，以提高水土资源利用率，改善农业生态环境。甘肃省自然生态环境不断恶化与缺乏治理措施和保护意识有关，甘肃省政府应该更加重视自然生态环境保护。对于甘肃省而言，就是要因地制宜地发展农业，降低农业对"高碳"因素的依赖，在畜牧业区实行圈养，减少放牧，保护植被，不断进行防沙造林工程，杜绝滥伐现象，保护物种的多样性，防止生态进一步恶化。

最后，政府通过宣传增强农民低碳化发展意识，并配合一定的激励机制，促进农业低碳化发展。政府组织基层工作人员深入农村，采用发资料、演讲、聊天等多种形式向广大村民宣传，让村民意识到生态被破坏的现状、保护生态的重要性、发展低碳农业的必要性及发展低碳农业的益处；让广大村民知道如何从身边的小事开始低碳生活和生产。激励机制可以从两个方面着手，一是与农户签订"保本合同"，即政府提供低碳技术与农户合作，对生产出来的农产品政府负责联系销路，保证农民的年收入不低于过去传统耕作模式的收入，如果低于，则低于部分政府补齐。政府可将低碳技术与现代农业生产模式相结合，通过高精良育种技术、轮作体系、农药化肥科学配比技术、生物替代技术、机械化耕种、节水技术、沼气工程、农作物秸秆再生循环利用技术等，保证甘肃省低碳农业发展。二是对自愿按低碳模式进行生产的农户给予奖励，为他们提供尽可能多的技术、资金和销路帮助，树立典型农户，带动周边农户走低碳农业发展模式。

第十章 甘肃省农业碳排放综合测算及驱动力分析

第一节 农业碳排放现状

一、国内农业碳排放研究现状

党的十八大把生态文明建设写入党章，这是国际上的一个创举，表明了中国共产党的决心，也反映了生态环境问题的严重性；党的二十大报告指出："中国式现代化是人与自然和谐共生的现代化。"

导致生态环境问题日益严重的主要原因是大气中温室气体含量不断增加。人类生产会产生大量的温室气体，其中农业是主要温室气体排放源，全球约1/5的温室气体来自农业。农业生产产生的主要温室气体有甲烷、氧化亚氮和二氧化碳，来自化肥、农药施用，农膜、农业机械使用，农业灌溉，秸秆处理，畜禽养殖及粪便管理等农地利用环节以及农用地与其他类型土地之间的转换。农业生产中农膜、农业机械、农业灌溉和秸秆排放的主要是二氧化碳，动物粪便和稻田主要释放的是甲烷，化肥施用以及土壤释放的主要是氧化亚氮。甲烷和氧化亚氮均可以使用一定的转换方法转换为碳当量。

国内对农业碳排放的研究时间并不长，在中国知网中输入"农业碳排放"进行检索，从 2002 年到 2021 年共有 945 篇相关文献。从研究侧重点来看，这些研究主要集中在以下几个方面：农业碳排放与经济发展、科技进步关系的研究；农业碳排放时空分异、特征及影响研究；农业碳排放测度及强度测算研究；农业碳排放脱钩效应相关研究；农业碳排放的评价及影响因素的相关研究；农业碳排放地区差异分析方面的研究。研究的层面主要是全国和地区两个层面的农业碳排放。关于甘肃省农业碳排放的研究，主要集中在农业碳排放测度方面，且很多学者关于农业碳排放核算选择的因素只限于农业生产中使用的化肥、农药等物质，并没有将牲畜和农作物纳入碳计算对象。本书以农业生产物质使用量、牲畜饲养量和农作物种植面积为基础，对甘肃省 2010—2021 年农业碳排放总量和强度进行测算，并对碳排放驱动因素进行分析。

二、甘肃省农业碳排放现状

甘肃省地处西北内陆，地貌复杂，多以高原和山地为主，土地较贫瘠，年平均气温为 0 ℃～15 ℃，大部分地区气候干燥。干旱、半干旱区占总面积的 75%。各地年降水量在 36.6 ～ 734.9 毫米之间，是我国严重缺水地区之一。自 1978 年以来，甘肃省农业生产发展迅速，农业生产总值从 1978 年的 18.05 亿元增加到 2021 年的 2 439.50 亿元。农村居民的人均可支配收入从 2000 年的 1 428.70 元增加到 2021 年的 11 433.00 元。农用化肥、农药的施用量，以及农用柴油和农膜的使用量呈现先增长后下降的趋势：从 2000 年到 2017 年农用化肥施用量由 217.10 万吨增加到 311.07 万吨，再由 2017 年的 311.07 万吨降低到 2021 年的 270.37 万吨。农药施用量从 2000 年到 2021 年也呈现出先上升后下降的趋势，2000 年农药施用量为 1.10 万吨，2016 年农药施用量为 7.88 万吨，2016 年以后农药施用量逐年下降，到 2021 年农药施用量下降为 2.82 万吨。农用柴油的使用量从 2000 年的 15.6 万吨逐年增加，2017 年农用柴油的使用量达到最大 45.5 万吨，2018 年以后开始下降，2021 年甘肃省农用柴油的使用量为 36.0 万吨。农膜的使用量呈现出微小波动，从 2000 年的 6.4 万吨逐年增加，2016 年甘肃省农膜的使用量达到最大 17.2 万吨，2018 年后开始平稳下降，2021 年稍有上升，2021 年农膜的使用量为 17.07 万吨。这些农用物资的使用导致碳的排放量逐年增加，从 2010 年的 535.58×10^3 吨增加到 2021 年的 938.08×10^3 吨。

　　面对如此巨大的碳排放压力，甘肃省政府先后多次出台政府文件，督促节能减排，甘肃省从"十一五"到"十四五"期间均有节能减排工作安排方案，对节能减排提出明确目标。"十一五"期间要求单位生产总值能耗降低 20%，主要污染物排放总量减少 10%；"十二五"首次增加了氮氧化物和氨氮两项减排指标，同时将农业污染源排放的化学需氧量和氨氮，以及机动车排放的氮氧化物纳入了减排范围；"十三五"期间节能减排目标要求到 2020 年全省万元国内生产总值能耗比 2015 年下降 14%；"十四五"期间减排目标为到 2025 年全省单位地区生产总值能源消耗比 2020 年累计下降 12.5%。

第二节　农业碳排放测算方法

一、农业碳排放测算数据来源

　　甘肃省 2010—2021 年的农用化肥、农药、农膜、灌溉面积、牲畜数量、农业机械动力数据来自《甘肃发展年鉴》，农用化肥为折纯量，农药、农膜和柴油为当年实际使用数量，灌溉面积为当年有效灌溉面积，牲畜数量为年末数量。农用柴油、农村人口数、农业生产总值、农村固定资产投资数据来自《中国农村统计年鉴》。

二、农业碳排放量测算因素及碳排放系数

农业碳排放主要来自三个方面。第一个方面是农业生产使用物质的碳排放，这个过程的碳源主要有化肥、农药、农膜、农用柴油及农用灌溉。第二个方面是牲畜养殖的碳排放。动物进食后，食物在肠胃中发酵会产生甲烷的排放，同时动物粪便会产生甲烷和氧化亚氮的排放，不同的动物产生的温室气体排放差别较大。根据甘肃省饲养情况和数据的可得性，本书主要选取猪、牛、羊、马、骡、驴、骆驼为计算牲畜养殖的碳排放源。第三个方面是农作物的碳排放。农作物是甲烷和氧化亚氮的排放源，不同的农作物品种对这两种气体的排放系数不同，对土壤破坏程度也不同。根据甘肃省气候、土壤情况，本书选取稻谷、小麦、玉米、大豆、棉花等农作物作为甲烷和氧化亚氮的排放源。由于甲烷和氧化亚氮与碳的性质不同，不能只加总计算，因而根据 1 吨甲烷 =6.28 吨碳、1 吨氧化亚氮 =81.27 吨碳，将动物和农作物产生的甲烷和氧化亚氮换算成碳的排放量。表 10.1 ～表 10.3 是各碳源排放系数表。

表 10.1　农业生产使用物质碳源及碳排放系数

碳源	碳排放系数
化肥	0.895 6 千克 / 千克
农药	4.934 1 千克 / 千克
农膜	5.180 0 千克 / 千克
农用柴油	0.592 7 千克 / 千克
农用灌溉	25 千克 / 公顷

表 10.2 牲畜养殖碳源及甲烷和氧化亚氮的排放系数

碳源	肠胃发酵	粪便排放	
	甲烷/(千克·(头·年)⁻¹)	甲烷/(千克·(头·年)⁻¹)	氧化亚氮/(千克·(头·年)⁻¹)
牛	47	1.00	1.39
羊	5	0.15	1.39
马	18	1.64	1.39
驴	10	0.90	1.39
骡	10	0.90	1.39
骆驼	46	1.92	1.39
猪	1	4.00	0.53

表 10.3 主要农作物品种土壤氧化亚氮的排放系数

农作物品种	氧化亚氮排放系数 / (千克·公顷 ⁻¹)
小麦	2.050 0
玉米	2.532 0
大豆	0.770 0
棉花	0.480 4
稻谷	0.240 0

根据《IPCC 国家温室气体排放清单（2006）》可得如下碳排放测算模型：

$$C = \sum_i C_i = \sum_i EF_i \cdot A_i \tag{10.1}$$

其中，C 表示碳排放总量，C_i 表示第 i 种碳源释放的碳量，EF_i 是第 i 种碳源的碳排放系数，A_i 是第 i 种碳源使用量。农业碳排放强度计算公式如下：

$$P = \frac{C}{S} = \frac{\sum_i C_i}{S} = \frac{\sum_i EF_i \cdot A_i}{S} \tag{10.2}$$

其中，P 为农业碳排放强度，S 为耕地面积。

三、基于 STIRPAT 模型的农业碳排放驱动模型

迪茨（Dietz）等对埃利希（Ehrlich）提出的"IPAT"分析框架进行了拓展，得到了可以用于人文因素对环境的非比重影响的非线性 STIRPAT（Stochastic Impacts by Regression on Population，Affluence，and Technology）模型[1]：

$$I = aP^b A^c T^d e \qquad (10.3)$$

其中，I、P、A、T 分别表示环境影响、人口数量、富裕度和技术；a 是模型的系数；b、c、d 分别是自变量 P、A、T 的指数；e 为模型随机误差。对人口数量、富裕度、技术三个自变量和因变量之间的关系进行评估，并对模型（10.3）两边取自然对数，可得如下方程形式：

$$\ln I = \ln a + b \ln P + c \ln A + d \ln T + \ln e \qquad (10.4)$$

由弹性系数的概念可知，方程（10.4）的回归系数反映的是解释变量与被解释变量之间的弹性关系。

本书借鉴 STIRPAT 模型分析甘肃省农业碳排放总量与其经济影响因素之间的关系。模型形式如下：

$$\ln E = \alpha + \beta_1 \ln P + \beta_2 \ln G + \beta_3 \ln T + \beta_4 \ln I + \mu \qquad (10.5)$$

根据杨莎莎[2]、朱灵伟[3]等的研究成果，选取 E、P、G、T 和 I 为影响因素，其中，E 为农业碳排放总量，万吨；α 为常数项；P 为甘肃省农村人口总数，万人；G 为经济发展水平，以农业生产总值表示，万元；T 为

---

① DIETZ T, ROSA E A. Rethinking the environmental impacts of population, affluence and technology[J]. Human Ecology Review, 1994, 1: 284.

② 杨莎莎，邱雪晨，常玲.南岭 4 省农业碳排放测算及驱动力分析 [J].江苏农业科学，2015，43（11）：448-451.

③ 朱灵伟，李冬青，罗罡辉，等.农地碳排放影响因素空间差异性研究——基于 STIRPAT 和 GWR 模型的实证分析 [J].资源与产业，2019，21（6）：82-91.

农业发展技术水平，以农业机械总动力表示；I 为农业固定资产投资，万元；μ 为模型随机扰动项；β_1、β_2、β_3、β_4 为弹性系数，表示变量 P、G、T，I 变化 1% 引起 E 变化 β_1%、β_2%、β_3%、β_4%。

第三节　甘肃省农业碳排放测算

一、甘肃省农业碳排放量和排放强度测算结果及分析

根据公式（10.1）和公式（10.2）测算出 2010—2021 年甘肃省农业碳排放量和排放强度，结果见表 10.4 ～表 10.6。

从表 10.4 来看，2010—2021 年的化肥、农药、农膜、农用柴油和灌溉面积的碳排放量基本是逐年增加的，2017 年开始下降。从排放的总量来看，农膜排放总量最大，为 1 247.05 万吨，农膜年平均增速最快，年平均增速为 9.31%；其次是化肥，碳排放总量为 944.19 万吨。从碳排放量的年平均增速来看，农膜年平均增速最快，年平均增速为 9.31%，其次是农用柴油和灌溉面积，年平均增速分别为 2.24% 和 1.68%；值得肯定的是化肥和农药的碳排放年平均增速为负值，分别为 –0.83% 和 –2.06%，这说明农民环保意识有所增强，农业生态治理取得一定的成果。从表 10.5 来看，由牲畜养殖及农作物种植引起的碳排放总量在 2015 年以前呈现逐年上升态势，2015 年到 2017 年碳排放总量呈现短期下降趋势，但这个趋势没有得到保持，2018 年开始农业碳排放总量又呈现上升趋势。但 2021 年与 2020 年相比碳排放总量有所下降。根据甲烷、氧化亚氮与二氧化碳之间的换算关系可以计算出 2010—2021 年农业碳排放因素中，动物粪便产生的碳排放量最高，年均碳排放量为 355.065 万吨；

其次是动物肠胃发酵，年均碳排放量为 276.230 万吨；农作物的碳排放量也不容忽视，年均碳排放量为 34.012 万吨。从表 10.6 来看，2010—2021 年，甘肃省农业碳排放总量基本呈上升趋势，碳排放总量最高的是 2020 年，排放量为 1 198.623 万吨，碳排放总量最低的是 2010 年，排放量为 747.362 万吨，2020 年比 2010 年碳排放总量高出 451.261 万吨；2021 年甘肃省农业碳排放总量比 2020 年有所下降，2021 年碳排放总量为 1 095.273 万吨，比 2020 年碳排放总量下降了 103.350 万吨；2010 年到 2021 年碳排放总量的环比年平均增速为 4.32%。根据碳排放总量和农业耕地面积可求得甘肃省历年农业碳排放强度，从表 10.6 来看，2010 年到 2021 年甘肃省农业碳排放强度基本呈现上升趋势。碳排放强度从 2010 年的 1 426.071 千克/公顷增加到 2021 年的 2 102.454 千克/公顷，环比年平均增速为 4.40%，环比增速呈现上下波动形态，波动形状与碳排放总量环比增速的基本相同。

表 10.4　2010—2021 年农业生产过程碳排放量

单位：万吨

年份	化肥	农膜	农药	农用柴油	灌溉面积	合计
2010	76.36	64.08	21.99	17.19	2.75	182.37
2011	78.13	74.59	33.76	17.54	2.76	206.78
2012	82.51	77.89	36.39	19.62	2.83	219.24
2013	84.82	85.88	38.37	20.39	2.85	232.31
2014	87.41	91.17	38.40	22.88	2.90	242.76
2015	87.70	95.17	38.90	25.31	2.91	249.99
2016	83.65	101.06	34.50	26.20	2.95	248.36
2017	75.68	89.19	25.65	26.97	2.98	220.47
2018	74.49	142.30	21.15	24.18	3.04	265.16
2019	72.44	136.70	20.69	23.17	3.14	256.14

续表

年份	化肥	农膜	农药	农用柴油	灌溉面积	合计
2020	72.00	137.55	19.89	21.40	3.22	254.06
2021	69.00	151.47	13.87	21.34	3.30	258.98
合计	944.19	1 247.05	343.56	266.19	35.63	—
年均排放量	78.68	103.92	28.63	22.18	2.97	—

注：化肥、农膜、农药、农用柴油、灌溉面积的年平均增速分别为 −0.83%、9.31%、−2.06%、2.24%、1.68%。

表10.5　2010—2021年畜牧养殖业碳排放量

单位：万吨

年份	甲烷排放量		氧化亚氮排放量		二氧化碳排放总量
	动物肠胃发酵	动物粪便管理	动物粪便管理	农作物排放	
2010	33.663	3.058	3.708	0.408	564.992
2011	34.695	3.425	3.883	0.417	591.969
2012	34.453	3.559	3.939	0.423	600.577
2013	35.038	3.657	4.020	0.431	616.198
2014	36.980	3.752	4.264	0.441	654.448
2015	32.020	3.009	4.004	0.422	601.288
2016	29.893	2.790	3.625	0.427	555.852
2017	30.003	2.977	3.532	0.420	553.620
2018	68.525	4.262	4.113	0.406	858.459
2019	68.920	4.149	4.268	0.403	877.181
2020	74.386	4.132	4.589	0.417	944.563
2021	49.270	4.500	5.037	0.406	836.293

注：甲烷排放量中的动物肠胃发酵、动物粪便管理年平均增速分别为 8.46%、4.54%；氧化亚氮排放量中的动物粪便管理、农作物排放年平均增速分别为 3.06%、−0.01%。

表 10.6　2010—2021 年甘肃省农业碳排放情况

年份	碳排放总量/万吨	环比增速（%）	碳排放强度/ （千克·公顷⁻¹）	环比增速（%）
2010	747.362	—	1 426.071	—
2011	798.749	6.88	1 520.121	6.595
2012	819.817	2.64	1 547.885	1.826
2013	848.508	3.50	1 598.876	3.294
2014	897.298	5.75	1 686.587	5.486
2015	851.278	−5.13	1 597.139	−5.303
2016	804.202	−5.53	1 506.958	−5.646
2017	774.100	−3.74	1 439.463	−4.479
2018	1 123.619	45.15	2 090.764	45.246
2019	1 133.321	0.86	2 107.838	0.817
2020	1 198.623	5.76	2 305.266	9.366
2021	1 095.273	−8.62	2 102.454	−8.798

注：碳排放总量环比年平均增速为 4.32%；碳排放强度环比年平均增速为 4.40%。

二、农业碳排放的驱动因素分析

采用 2010—2021 年数据，利用 STIRPAT 模型对数形式［式（10.5）］，选取甘肃省农村人口总数（P）、农业生产总值（G）、农业机械总动力（T）、农业固定资产投资（I）为自变量，对农业碳排放总量（E）进行驱动因素分析。

利用 Eveiws10.0 对数据进行序列平稳检验，序列 $\ln P$ 在 1%、5% 下平稳外，其他序列均在 1%、5%、10% 下平稳；相关性检验及异方差检验均通过；格兰杰（Grainger）检验证明农业碳排放总量与其他变量之间存在因果关系。对模型进行估计，结果如下。

$$\ln\hat{E} = -18.53 + 2.144\ln\hat{P} + 0.337\ln\hat{G} - 0.075\ln\hat{T} - 0.031\ln\hat{I}$$

$$R^2 = 0.987\,5, \bar{R}^2 = 0.983\,3, F = 236.98, P = 0.000$$

从回归系数的正负号来看，农村人口总数、农业生产总值符号为正，农业机械总动力与农业固定资产投资符号为负，这符合经济学研究理论，人口过多，经济快速发展，会导致碳排放量连年增加，我国已经成为碳排放量较多的国家。农业技术水平的提高和投资的增加，将使农业生产过程中的碳排放不断减少，但目前来看，甘肃省的农业技术水平与固定资产投资在农业碳减排方面的贡献不大，还需要进一步提高。从回归系数的数值来看，人口数量每增加 1%，农业碳排放总量增加 2.144%；农业生产总值每增加 1%，农业碳排放总量增加 0.337%；农业机械总动力与农业固定资产投资的回归系数为负，说明这两个量的增加将引起农业碳排放总量的减少，农业机械总动力每增加 1%，农业碳排放总量减少 0.075%，农业固定资产投资每增加 1%，农业碳排放总量减少 0.031%。

三、减少农业碳排放的方法

农业是一国经济发展的基础，各国既要保证农业的稳定发展，也要注意减少农业碳排放。因此，在稳定发展农业的同时，甘肃省要增强农民的低碳生产意识，减少农业产量对化肥、农药和农膜的依赖；利用高科技和新的循环农业生产模式增强对碳的吸收能力，在农村推广"种植业 + 养殖业 + 沼气"模式，加大对甲烷的吸收、利用力度，减少农业碳排放，在牲畜养殖业引进先进技术进行科学喂养和粪便的管理，减少牲畜肠胃发酵和粪便管理的碳排放。政府要增加对农业科技的投入，利用先进的科技减少碳排放；加大植树造林的力度，增加碳汇储备，从源头上减少碳排放。

第十一章 甘肃省循环农业标准
体系构建

日益突出的环境问题迫切需要人们改变生产和生活方式。循环农业作为生态农业的组成部分，我国政府给予了它足够的重视，各级政府均定期制订地区循环农业实施方案和政策，鼓励和促进循环农业发展。国内学者对于循环农业的研究成果颇为丰富，但是关于循环农业的研究内容主要集中在循环农业内涵和模式上，关于循环农业的标准的研究较少，国内外学者关于现代农业标准化的研究主要集中在生态农业标准方面。发展循环农业，一方面通过循环利用减少废弃物排放，保护生态环境；另一方面通过绿色生态农业增加农民收入。因此，关于循环农业标准的研究大部分集中在循环经济标准方面，纯粹的关于循环农业标准体系的研究不多。笔者参考其他学者关于农业标准、循环经济标准和生态农业标准的体系对甘肃省循环农业标准体系进行了研究。

第一节　循环农业标准体系的特点

一、以循环农业模式为核心

农业标准体系不是人为的拼凑，而是由农业生产领域大量的农业标准分层次、分领域、分环节的一个有结构的构成。循环农业标准体系是农业生产实践中以循环农业生产模式为核心而构建的标准体系。因为循环农业有多种模式，不同模式应用的标准不一样，即使是同一种模式在不同的地区也有不同的构成结构，因此循环农业标准体系的制定始终要围绕模式这个中心，离开模式这个中心，制定的循环农业标准无法应用。

二、多个循环农业标准的集合

循环农业包括生产、加工、管理、再利用、检验、销售等多个环节，循环农业标准体系涉及生产的基础标准、技术标准、管理标准、资源再利用标准、产品标准、评价标准等多个方面。因此，循环农业标准体系是由这些标准共同组成的，是一个多标准的集合。将循环农业标准体系和循环农业模式相结合，既能反映出循环农业标准层级和标准属性特征，又能反映出标准之间的相互关联、相互协调、相互制约的联系。

三、一个不断发展的标准体系

循环农业标准体系制定的目的是便于对循环农业生产进行指导、规划、管理和监督。"无规矩不成方圆"，没有标准，就没有参照物；没有循环农业标准体系，就没有循环农业规范、快速的发展。而循环农业标准是人为制定的，应该随着环境、技术和需求的变动而变动，是一个动态发展的标准体系，因此循环农业标准体系的规划和构建应具有前瞻性，对涉及的循环农业标准应全面考虑、整体规划，使构建的标准体系具有更强的适用性。

四、一个复杂的标准体系

循环农业标准体系是一个复杂的系统，涉及标准层级、生产领域、生产环节和循环农业模式等多个方面，每一个方面都需要建立相应的标准，这些标准共同构成循环农业标准体系。循环农业标准按照使用范围分为国家标准、行业标准、地方标准和企业标准等层级标准；从生产领域来看，包括农林牧副渔等多个生产领域；从生产环节来看，包括产地环境、生产技术、产品管理、包装储运和综合管理等多个环节；不同的地区又因地制宜形成了不同的循环农业模式。将模式、生产环节、生产领域和标准层级进行统一考虑，制定相应的循环农业标准体系是一个复杂的过程，因此制定的标准体系是一个复杂的标准体系。在标准体系的制定过程中，首先根据不同的生产领域考虑不同的循环模式制定每一个生产环节的标准，然后统一协调，形成循环农业标准体系。

第二节 甘肃省循环农业标准体系发展现状

一、循环农业标准体系构建取得一定的成果

2009 年甘肃省政府颁布了《2009—2012 年甘肃省循环经济地方标准

体系规划》，它弥补了甘肃省循环经济地方标准的空白，覆盖面广，涵盖了全省第一、第二、第三产业的循环经济产业体系，包括循环型工业、循环型农业、循环型经济园区和循环型第三产业4个子体系。2009—2012年甘肃省循环经济地方标准重点建设项目共有319项，其中循环型农业67项中制修订52项，循环型经济园区6项全部制定。2018年甘肃省政府发布了《甘肃省循环农业产业发展专项行动计划》，它强调建立健全循环农业标准体系，推动农业发展绿色崛起。2020年甘肃省政府发布了《甘肃省现代农业产业园创建标准》，对甘肃省省级现代农业产业园创建标准进行了规定，同时批准了以张掖市甘州区为代表的18个现代农业产业园建设。这18个现代农业产业园成为甘肃省第一批省级现代农业产业园。除此之外，从2018年开始，甘肃省政府每年对甘肃省绿色种养循环农业试点项目的任务和资金分配进行规划和实施安排。

二、循环农业标准体系构建进度缓慢

虽然甘肃省循环农业发展有一定的基础，各市（州）循环农业也有良好发展，但是循环农业标准体系构建进度缓慢。循环农业发展情况的信息难以获得，这不利于科研工作者对甘肃省循环农业科研工作的开展。在甘肃省农业农村厅网站进行循环农业标准的查询时，循环农业标准相关信息资源较少，较多地为农业标准体系构建数据和资料。这从侧面说明，甘肃省农业标准体系构建比较成熟，而对于循环农业的这种现代农业标准体系构建虽有起步，但是进度比较缓慢，循环农业标准与循环农业发展不配套，即甘肃省没有根据循环农业模式形成统一的循环农业标准。

三、循环农业标准体系构建管理制度不健全

循环农业标准体系构建是一个复杂而重要的过程，需要健全的管理制度来确保其有效运行。首先，目前甘肃省循环农业标准体系构建存在

一些管理制度方面的问题。甘肃省虽然有专门的农业标准管理和审核部门，但是没有针对循环农业标准设立专有部门负责，循环农业标准体系构建实际推进比较缓慢。其次，制定循环农业标准的资料和数据应该及时公开，体现循环农业标准制定的公平、公正性。再次，标准的制定应该鼓励企业、农业合作社、农民代表广泛参与，以形成一个能够反映各方意见和利益的实用性强的循环农业标准体系。最后，政府应该完善循环农业标准实施过程中的监督机制，对于循环农业发展过程中不遵循标准进行生产安排的企业和个体，要进行及时的制止和处罚，不能只是口头劝阻，要加大监管力度。

第三节　甘肃省循环农业标准体系框架

一、循环农业标准体系的构成方面

循环农业标准体系是将循环农业生产过程中所涉及的各个方面的标准有机结合起来，构成一个统一的标准体系。循环农业标准体系将农业生产产前、产中和产后的全过程的标准集合起来，以充分发挥其在农业生产中的规范作用，更好地为农业生产服务，促进农业产业化和现代化建设。循环农业标准体系涉及循环农业模式、农业生产领域、农业生产环节及农业标准层级四个方面的多个标准。农业生产领域的标准涉及种植业标准、林业种植标准、畜牧业标准等多个方面；农业生产环节标准包括生产产地环境标准、生产技术标准、产品质量标准、包装储运标准、检验评价标准以及管理监督标准等；根据标准所属层级的不同，循环农业标准又分为国际标准、国家标准、行业标准、地方标准和企业标准。

国际标准是在国际上通用的标准，是根据国际循环农业的共性制定的标准；国家标准是在一个国家范围内适用的标准；按照行业的特点制定的标准是行业标准；没有国家标准或者行业标准参考，而又需要在省、自治区、直辖市范围内统一农业生产要求的，政府可以制定地方标准；企业进行循环农业生产时若没有上述标准参考，就可以考虑制定企业标准，将企业标准作为自己组织生产和管理的依据。

二、甘肃省循环农业标准体系四维框架

循环农业标准体系可以像农业标准体系一样按照生产领域、生产环节来构建不同层级的循环农业标准，不同之处在于这些领域内的各生产环节制定的标准不同。循环农业标准应该按照循环农业的要求制定，兼顾社会、经济和生态的协调统一，实现资源减量化和废弃物的循环利用。这种构造循环农业标准体系的方式有一定的合理性，但是没有将循环农业模式考虑在内。由于不同地区农业资源禀赋不同，循环农业模式也不同，即使是同一个地区，也可能有不同的循环农业模式，不同循环农业模式下生产环节、技术水平、生产方式、农产品质量和管理方法等均不相同，因此撇开循环农业模式构建循环农业标准体系有一定的弊端。本书以甘肃省循环农业模式为核心构建循环农业标准体系，按照农林牧渔的不同生产领域，提炼各种循环农业模式的共性，然后从生产环境、物质循环利用、组织管理、技术应用、产品质量、评价方法等入手，研究制定对应模式的通用循环农业标准或规程，最后对所有模式构建的标准进行汇总整理，形成甘肃省循环农业标准体系四维框架，如图 11.1 所示。

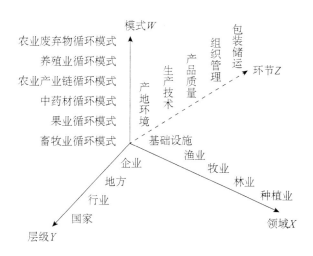

图 11.1　甘肃省循环农业标准体系四维框架

从图 11.1 可以看出，本书构建的甘肃省循环农业标准体系是以循环农业模式为核心，结合循环农业的不同生产领域和生产环节制定的不同层级的循环农业标准体系的四维框架。这个框架图包括四个坐标轴，首先核心坐标轴是模式（W）坐标轴，这个坐标轴包含了甘肃省循环农业的畜牧业循环模式、果业循环模式、中药材循环模式等六大模式；第二维坐标轴是领域（X）坐标轴，包含了农业基础设施和农林牧渔各大领域；第三维坐标轴是环节（Z）坐标轴，包含了农业生产的产地环境、生产技术、产品质量、组织管理和包装储运方面；第四维坐标轴是层级（Y）坐标轴，包含了循环农业标准体系的不同层级。

三、甘肃省循环农业标准体系二维框架

循环农业标准体系的二维框架图实质是四维框架图在平面上的投影，将四维框架简化为二维框架更易于理解和接受。甘肃省循环农业标准体系构建首先是确定循环农业模式，提取各种循环模式中的共性部分，制定所有循环农业均可使用的标准，即通用标准，主要包括生态环境控制标准、物质循环利用标准、循环农业模式技术标准、组织管理标准、产

品质量标准、评价方法标准等。

　　然后针对每一个具体的循环农业模式制定物质循环利用的技术标准；接着对每一模式的技术标准进行总结提炼，构建所有模式的技术标准；最后将所有模式的技术标准与生态环境控制标准、物质循环利用标准、技术标准、组织管理标准、产品质量标准、评价方法标准等通用标准相结合共同构成甘肃省循环农业标准体系二维框架，如图 11.2 所示。

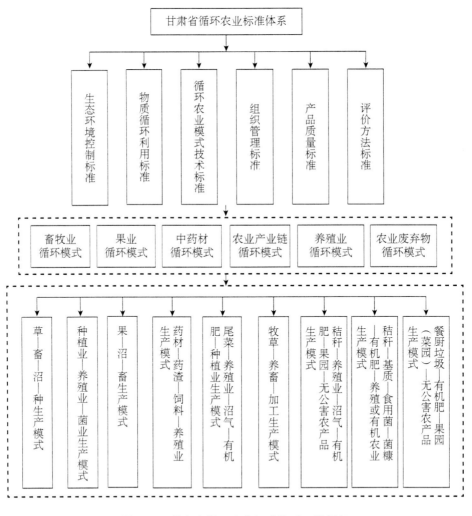

图 11.2　甘肃省循环农业标准体系二维框架

从图 11.2 可以看出，甘肃省循环农业标准体系有三层，第一层为甘肃省循环农业标准体系通用标准层，该层的标准是以甘肃省各种循环农业模式为核心，对各种模式共性进行总结提炼得到的对各种循环农业模式都适用的循环农业标准，涉及生态环境控制标准、物质循环利用标准、循环农业模式技术标准、组织管理标准、产品质量标准和评价方法标准。第二层为特有标准层，根据甘肃省循环农业资源、物质循环利用方式、农业资源和环境之间，以及农业资源和生产之间的关系和特点，将甘肃省循环农业模式分为畜牧业循环模式、果业循环模式、中药材循环模式、农业产业链循环模式、养殖业循环模式、农业废弃物循环模式六大类。第三层是具体实施标准层，将六大循环模式下的具体生产模式按照生产过程细化各个环节的关键技术规程和标准。这说明，技术标准因不同循环农业模式的资源循环利用技术不同而不同，体现了循环农业标准体系构建中以循环农业模式为核心、以循环农业技术标准为主体的特点。

第四节　循环农业标准体系构建的作用

一、有利于甘肃省循环农业的规范发展

以循环农业模式为中心建立循环农业标准体系有利于循环农业的规范发展。循环农业是生态农业的重要组成部分，大部分企业和农民对循环农业的生产方式只了解皮毛，并不了解其内涵和核心，只知道循环农业是一种能够进行物质资料的循环利用的生态友好型农业，认为生产过程中使用了循环技术的模式就是循环农业的生产模式，将循环农业片面化了，只注重了循环农业生产中的循环技术方面，而忽略了循环农业生

产中的其他方面。循环农业标准体系可以对循环农业生产进行指导，让人们在生产中有的放矢，不再盲目化和片面化。按照循环农业标准安排农业生产，选用农业种植、施肥方式，进行农产品加工，并按照循环农业标准进行产品质量检测、储运管理等，得到的农产品是经得起检验的满足有机生产农产品要求的产品。这种生产方式提高了农产品在国际国内农产品市场的竞争力，增加了循环农业生产企业和农民的收入，同时使得农业生态环境得到了保护，社会、经济和资源协调发展。

二、有利于资源的高效利用

传统农业对农业资源的开采、利用是粗放式的，造成了资源的大量浪费和废弃物对生态环境的破坏，循环农业属于资源节约型农业，提倡资源的减量化、废弃物的循环利用，减少了废弃物对农业生态环境的破坏。循环农业标准体系的构建更加有利于循环农业的发展，有利于资源的高效利用和废弃物污染的减少。有了循环农业标准的约束，生产过程就必须按照标准来安排生产。比如，循环农业标准对农业的农药、农膜等用量有统一规定，农产品要想最终通过产品质量检测，就必须按照标准来使用这些资源；循环农业标准按照循环农业的生产模式对循环技术资源投入有相应规定，禁止资源的过量投入和废弃物的低效率利用，生产过程中资源的投入、废弃物的利用均要达到一定数量标准；循环农业标准对土地、水资源的利用也是有一定规定的，即循环农业对每一个领域的每一个环节均有严格标准和要求，因此，循环农业标准体系的构建大大提高了资源的利用效率。

三、有利于农业生产效率的提高

甘肃省虽然是一个农业大省，但是其农业资源比较贫乏，农业生产环境比较恶劣，山大沟深，再加上甘肃省是全国严重缺水的省份之一，所以甘肃省农业发展缓慢。因此，节水型循环农业模式对于甘肃省农业发展具有一定的推进作用。按照循环农业标准来看，发展循环农业需要一定的农业发展规模，而甘肃省目前的农业生产仍然是小农户的生产模式为主，没有形成一定规模，因此应因地制宜发展循环农业。例如，土地的规模化、集约化经营，按照循环农业标准安排生产，减少资源的投入，提高资源的利用效率，保护生态环境，增加农民的收入。资源的减量化和循环利用，尤其是水资源的减量化和循环利用对于甘肃省农业发展有很多好处，循环农业这种生产模式很适合甘肃省农业发展，能够大大提高甘肃省农业生产效率。

四、有利于推动农业技术的创新

循环农业标准体系构建是以循环农业模式为核心，以循环农业的生产模式技术为中心的，循环农业生产技术标准是循环农业标准体系的关键所在。一个循环模式能否顺利形成，物质能否循环利用，循环利用的技术是关键，没有技术的支撑，循环农业模式再完美也没办法实施。只有先进的农业技术和设备才能保障农业生产达到循环农业标准，特别是农产品的质量；只有不断提高农业生产技术水平和更新设备，才能使农产品具有更强的竞争力，具有更多的市场占有率。循环农业生产技术标准促进了循环农业生产技术的高质量发展。

参考文献

[1] LAU L S, CHOONG C K, NG C F. Is nuclear energy clean? Revisit of Environmental of Kuznets Curve hypothesis in OCDE countries[J]. Economic Modelling, 2019, 77: 12-20.

[2] YORK R, ROSA E A, DIETZ T. STIRPAT, IPAT and ImPACT: analytic tools for unpacking the driving forces of environmental impacts[J]. Ecological Economics, 2003, 46（3）: 351-365.

[3] SHI A Q. The impact of population pressure on global carbon dioxide emissions, 1975—1996: evidence from pooled cross-country data[J]. Ecological Economics, 2003, 44（1）: 29-42.

[4] NIEVES J A, ARISTIZABAL A J, DYNER I, et al.Energy demand and greenhouse gas emissions analysis in Colombia: A LEAP model application[J]. Energy, 2019, 169: 380-397.

[5] JALIL A, MAHMUD S F. Environment Kuznets curve for CO_2 emissions: A cointegration analysis for China[J]. Energy Policy, 2009, 37: 5167-5172.

[6] BOULDING K E.The economics of the coming spaceship earth[M]. New York: Johns Hopkins University Press, 2007.

[7]　LEAR L . Rachel Carson：witness for nature[M].London：Macmillan，1998.

[8]　PELLETIER D L，KRAAK V，MCCULLUM C，et al. Values，public policy，and community food security[J]. Agriculture & Human Values，2000，17（1）：75-93.

[9]　THIRSK J. Alternative agriculture：a history：from the black death to the present day[M]. New York：Oxford University Press，1997.

[10]　毛晓丹，冯中朝 . 湖北省农业循环经济发展水平评价及障碍因素诊断 [J]. 农业现代化研究，2013（5）：597-601.

[11]　袁小英 . 基于熵值法的中国广西壮族自治区农业循环经济发展水平评价 [J]. 世界农业，2017（6）：218-223.

[12]　刘章勇 . 重庆市农业循环经济发展水平评价 [J]. 中国农业资源与区划，2018，39（8）：9-16.

[13]　任妙丹，王生林 . 河西走廊循环农业发展水平评价及对策分析 [J]. 农业现代化研究，2012，33（5）：574-579.

[14]　金涛，胡欢 . 广西农业循环经济发展水平评价 [J]. 广西社会科学，2017（10）：56-61.

[15]　姚晓萍 . 基于主成分分析的山西省农业循环经济发展水平评价研究 [J]. 中国农业资源与区划，2018，39（7）：64-69.

[16]　吴曼，邓贺囡，王维红，等 . 江苏省循环农业模式运作水平评价与发展建议 [J]. 江苏农业科学，2015，43（10）：547-550.

[17]　刘鹏凌，万莹莹，吴文俊 . 江西省浮梁县红茶产业循环农业模式综合效益评价 [J]. 云南农业大学学报（社会科学），2019，13（3）：70-75.

[18]　段发明，党兴华 . 基于熵值法和 DEA 的农业循环经济发展水平评

价研究 [J]. 科技管理研究，2015（11）：57-61.

[19] 万程成，周葵，王超，等.我国农业循环经济发展效率评估：基于超效率 DEA 模型 [J]. 数学的实践与认识，2018，48（19）：34-45.

[20] 王致晶.甘肃省循环农业发展模式总结及主推建议 [J].甘肃农业，2020（9）：103-105.

[21] 李丽莉，肖洪浪，张涛.缺水约束下甘肃循环农业发展模式研究 [J].农业经济，2013（5）：88-90.

[22] 王茹，张艳.甘肃省循环农业发展模式的评价及优化研究 [J].资源·环境，2018，29（23）：35-37.

[23] 陈丽娜，李中斌.福建省现代循环农业发展评价指标体系构建与应用 [J].云南农业大学学报（社会科学），2020，14（5）：47-53.

[24] 宋成军，赵学兰，田宜水，等.中国农业循环经济标准体系构建与对策 [J].农业工程学报，2016，32（22）：222-226.

[25] 宣亚南，欧名豪，曲福田.循环型农业的含义、经济学解读及其政策含义 [J].中国人口·资源与环境，2005，15（2）：27-31.

[26] 赵波，李根荣.区域农业循环经济评价指标体系构建与实证研究 [J].农机化研究，2012（4）：8-12.

[27] 王鑫芳.中国未来循环农业的发展模式 [J].广西农业机械化，2019（4）：5-6.

[28] 路明.建设生态农业是实现我国农业现代化的必由之路 [J].生态农业研究，2000（2）：22-24.

[29] 苏春华，曹志强.可持续的生态农业是我国农业现代化道路的选择 [J].农业现代化研究，1999，20（6）：325-328.

[30] 段宁. 清洁生产、生态工业和循环经济 [J]. 环境科学研究，2001，14（6）：1-4，8.

[31] 张立超. 中国循环农业发展评价研究 [D]. 沈阳：沈阳农业大学，2011.

[32] 延芳，陈英，谢保鹏，等. 甘肃省乡村人居环境质量评价 [J]. 中国林业经济，2023（1）：15-20.

[33] 郑乐乐. 甘肃省生态环境与经济高质量发展耦合协调研究 [J]. 甘肃省科技纵横，2021，50（10）：51-57.

[34] 周成，冯学钢，唐睿. 区域经济—生态环境—旅游产业耦合协调发展分析与预测：以长江经济带沿线各省市为例 [J]. 经济地理，2016，36（3）：186-193.

[35] 谢强，韩君. 甘肃省生态环境与经济发展耦合评价研究 [J]. 兰州大学学报（社会科学版），2018，46（4）：90-96.

[36] 赵金鹏. 甘肃省农业标准化示范区绩效评价问题研究 [D]. 兰州：兰州大学，2018.

[37] 刘景胜. 甘肃省金昌市循环农业发展对策研究 [D]. 兰州：兰州大学，2015.

[38] 曹烁. 贵州省循环农业发展综合评价研究 [D]. 重庆：西南大学，2016.

[39] 林孝丽，周应恒. 稻田种养结合循环农业模式生态环境效应实证分析：以南方稻区稻—鱼模式为例 [J]. 中国人口·资源与环境，2012，22（3）：37-42.

[40] 李新平，黄进勇，马琨，等. 生态农业模式研究及模式建设建议 [J]. 中国生态农业学报，2001，9（3）：83-85.

[41] 尹昌斌，唐华俊，周颖. 循环农业内涵、发展途径与政策建议 [J]. 中国农业资源与区划，2006，27（1）：4-8.

[42] 尹昌斌，周颖，刘利花.我国循环农业发展理论与实践[J].中国生态农业学报，2013，21（1）：47-53.

[43] 王雅军，竹军.甘肃省地方标准《农村人居环境村容村貌治理规范》制定探索[J].中国标准化，2023（6）：155-158.

[44] 高东升.浅析我国农村生态环境保护标准体系的构建[J].科技经济导刊，2018，26（19）：105-107.

[45] 邓志涛，刘占忠.甘肃的环境问题及其对策[J].公民园地，2013，52（11）：46-49.

[46] 安瑞英.我国农业标准化体系建设[J].福建江夏学院学报，2005（2）：4-6.

[47] 邱建军，李金才，李哲敏，等.我国生态农业标准体系基本框架探讨[J].中国生态农业学报，2008，16（5）：1263-1268.

[48] 陈东阳.我国生态循环农业发展问题与建议分析[J].农业机械化与现代化，2022（2）：14-16.

[49] 杜清，王建武，李志贤.生态农业模式标准体系构建探析[J].中国农学通报，2011，27（8）：389-394.

[50] 徐兴隆.黔江区循环农业发展现状、存在的问题及对策建议[J].吉林农业（学术版），2012（5）：4.

[51] 谢俊丽.农业现代化发展的内涵、困境与路径研究[J].农业经济，2023（9）：23-24.

[52] 马鸿祯，赵洪霞，于立芝，等.中国农业标准化研究综述[J].农学学报，2021，11（4）：80-83.

[53] 李鑫，薛发龙.农业标准化理论与实践[M].北京：中国计量出版社，2005.

[54] 李鑫，李晓媛，崔野韩，等.农业科学、农业技术、农业标准及其关系[J].西北农林科技大学学报（社会科学版），2012，12（6）：

20-25，43.

[55] 刘朋鸽，胡柏松，邓晴莺，等.标准化战略实在落地社会经济改革真正发展 [C]// 中国标准化协会.第十四届中国标准化论坛论文集.北京：《中国学术期刊（光盘版）》电子杂志社有限公司，2017：1584-1594.

[56] 杨辉，栾昉，叶新太.新时期推进农业标准化的意义和任务 [J].农村·农业·农民，2019（4）：27-28.

[57] 隋志文.农产品质量管理与农业标准化 [J].农村经济与科技，2018，29（2）：33-34.

[58] 张洪程，高辉，严宏生，等.农业标准化原理与方法 [M].北京：中国农业出版社，2002.

[59] 国家标准化管理委员会.现代农业标准化：上 [M].北京：中国质检出版社，2013.

[60] 李小蓉，朱莉英，王发洪.浅论农产品质量安全的问题及对策 [J].吉林农业，2019（20）：85.

[61] 杨冬.农业标准化的意义及建议 [J].现代化农业，2018（1）：40-41.

[62] 郝文革,刘建华,杜维春,等.中国农业标准化生产的实践与思考 [J].中国食物与营养，2018，24（1）：15-17.

[63] 段秀萍.实施农业标准化生产提升农产品质量安全水平 [J].吉林农业，2016（12）：29-30.

[64] 林孔团，蒋耀辉.基于生态位调整视角的农产品品牌升级路径研究：以"茶油奶奶"为例 [J].管理案例研究与评论，2019，12（5）：534-547.

[65] 单宝.以农业标准化战略提升农产品国际竞争力 [J].中国国情国

力，2008（6）：14-17.

[66] 王欢，甘林针，乔娟.技术标准对农业国际竞争力的动态影响：
直接效应与中介效应 [J]. 国际商务（对外经济贸易大学学报），
2019（5）：1-12.

[67] 路馨丹，朱彧，万靓军.质量兴农战略下农业标准化问题研究 [J].
农产品质量与安全，2019（4）：45-48.

[68] 孙洪安."标准化 +"助推乡村振兴 山东省烟台市多措并举提升
农业标准化水平 [J]. 中国质量技术监督，2019（4）：32-33.

[69] 陈华文，刘康兵.经济增长与环境质量：关于环境库兹涅茨曲线
的经验分析 [J]. 复旦学报（社会科学版），2004（2）：87-94.

[70] 马丁，陈文颖.中国 2030 年碳排放峰值水平及达峰路径研究 [J].
中国人口·资源与环境，2016（增刊 1）：1-4.

[71] 钟良，王红梅，刘之琳.北京碳排放尽早达峰及未来路径研究 [J].
中国能源，2019，41（11）：42-47.

[72] 洪竞科，李沅潮，蔡伟光.多情景视角下的中国碳达峰路径模拟：
基于 RICE-LEAP 模型 [J]. 资源科学，2021，43（4）：639-651.

[73] 林金钱.广东省碳排放影响因素分析与峰值预测 [D]. 广州：暨南
大学，2016.

[74] 高树彬.基于集成智能算法中国重工业碳排放达峰路径优化研究
[D]. 北京：华北电力大学，2019.

[75] 农民日报·中国农网记者.积极探索中国特色农业现代化发展之
路：农业农村部负责人就推进农业现代化示范区创建答记者问 [N].
农民日报，2021-12-14（1）.

[76] 杨志良.中国式农业现代化的百年探索、理论内涵与未来进路 [J].
经济学家，2021（12）：117-124.

[77]　格根塔娜．农业现代化研究文献综述 [J]．内蒙古财经大学学报，2021，19（6）：90-93．

[78]　王景利，张国忠，张冰，等．我国农业现代化的发展进程与经验启示 [J]．农业经济，2021（10）：8-9．

[79]　肖蓓，苏永刚，秦强，等．南通市农业循环经济标准体系建设理论探索 [J]．中国标准化，2021（18）：52-55．

[80]　田晓平．乡村振兴对标准化的新要求 [J]．中国标准化，2021（7）：27-29．

[81]　杨继武，邹颖．论有机生态循环农业标准综合体 [J]．品牌与标准化，2020（5）：5-7．

[82]　王如梅．农业标准化在农业经济发展中的作用分析 [J]．农家参谋，2020（11）：48．

[83]　李浩宇，张云晖，郭海滨，等．生态农业建设与生态农业标准化的必要性研究 [J]．现代农业研究，2020，49（1）：4-5．

[84]　李凤梅．加强农村能源综合利用促进生态循环农业发展 [J]．农家参谋，2019（23）：36．

[85]　李雪军，左勇，何媛，等．天津市农业标准化示范区建设初探 [J]．质量探索，2019（3）：43-46．

[86]　聂媛媛，杨善啸，曲泽静，等．六次产业论下生态农业标准体系构建：以安徽省为例 [J]．中国科技论坛，2018（3）：58-65．

[87]　陈瑞剑．河南省农业标准化及其体系建设研究 [D]．郑州：河南农业大学，2005．

[88]　余德鸿．长三角"六位一体"高效生态农业产业发展模式与标准化体系研究：以浙江某生态农业园为例 [D]．南京：南京农业大学，2009．

[89] 郝彦宏.河北省农业标准化体系建设研究[D].保定：河北农业大学，2004.

[90] 于冷.农业标准化[M].上海：上海教育出版社，2004.

[91] 游侠，李哲敏.完善中国生态农业标准体系研究[C].// 邱建军，任天志，尹昌斌，等.生态农业标准体系及循环农业发展全国学术研讨会论文集.北京：气象出版社，2008.

[92] 李含琳，李楠.甘肃省十大绿色生态产业发展路径探索[M].兰州：甘肃人民出版社，2019.

[93] 徐少君，王梓.农业生态学[M].成都：电子科技大学出版社，2016.

[94] 章家恩.农业循环经济[M].北京：化学工业出版社，2010.

[95] 国家标准化管理委员会.中国标准化发展年度报告（2022年）[R/OL].（2023-04-25）.https：//www.samr.gov.cn/cms_files/filemanager/samr/www/samrnew/bzcxs/sjdt/gzdt/202304/P020230424592418259786.pdf.

[96] 张家宏，王守红，寇祥明，等.循环农业标准化的研究、实践与示范推广[J].中国标准化，2009（4）：67-68.

[97] 周贵平，谭秀英，向鹏程，等.发展循环农业存在的问题及解决措施探究[J].农业装备技术，2023（3）：7-9.

[98] 霍哲珺，张明兰.崇明生态农业标准体系建设研究[J].农业研究与应用，2013（6）：61-65.

[99] 张欣，魏善青，王智慧.双碳目标视域下黑龙江省低碳农业发展探究[J].知与行，2022（4）：39-45.

[100] 朱松平，叶婉琼.福建农业低碳发展的动态演进及区域空间差异[J].三明学院学报，2023，40（5）：59-71.